Hermann Hesse, Erzähler, Lyriker, Maler und zeitkritischer Essayist, am 2. 7. 1877 in Calw/Württemberg als Sohn eines baltischen Missionars und der Tochter eines schwäbischen Indologen geboren, 1946 ausgezeichnet mit dem Nobelpreis für Literatur, starb am 9. 8. 1962 in Montagnola bei Lugano. Seine Bücher sind mittlerweile in einer Auflage von mehr als 120 Millionen Exemplaren in aller Welt verbreitet und haben ihn zum meistgelesenen deutschsprachigen Autor u. a. in den USA, Japan und Korea gemacht.

»Angesichts dieser Kultur und dieses Landes sinkt mein Nationalgefühl auf Null«, schrieb Hermann Hesse 1901 in einem Brief von seiner ersten Italienreise. Seitdem hat er bis 1914 dieses Land immer wieder bereist und Venedig, Florenz, die Toskana und Umbrien auf ganz untouristisch-eigenwillige Weise für sich entdeckt und erwandert. Worüber »Baedeker unverantwortlich schweigt«, finden wir in Hesses Tagebüchern, Reiseskizzen, Gedichten und Erzählungen über Florenz und die Toskana so anschaulich und poetisch geschildert, daß es ein Abenteuer ist, die Landschaften, Städte und Sehenswürdigkeiten Oberitaliens mit seinen Augen zu erleben.

»Daß mein Reisen, Sehen und Erleben unabhängig von Mode und Reisehandbüchern war, wird man leicht sehen können. Wer auf Reisen wirklich etwas erleben, wirklich froher und innerlich reicher werden will, wird sich die geheimnisvolle Wonne eines ersten Schauens und Kennenlernens nicht durch sogenannte ›praktische‹ Reisemethoden verderben. Wer mit offenen Augen in ein fremdes, bis dahin nur aus Büchern und Bildern gekanntes, aber seit Jahren geliebtes Land kommt, dem wird jeder Tag unerwartete Schätze und Freuden geben, und fast immer behält in der Erinnerung dieses naiv und improvisiert Erlebte die Oberhand über das planmäßig Vorbereitete.« *Hermann Hesse* insel taschenbuch 3195

Hermann Hesse

Bilder aus der Toskana

Hermann Hesse
Bilder aus der Toskana

Betrachtungen, Reisenotizen, Gedichte und Erzählungen

Ausgewählt und mit
einem Nachwort versehen
von Volker Michels

Insel Verlag

Umschlagfoto: zefa/masterfile

insel taschenbuch 3195
Erste Auflage 2006
Insel Verlag Frankfurt am Main und Leipzig

Umschlag: Michael Hagemann
Satz: Hümmer GmbH, Waldbüttelbrunn
Druck: Druckhaus Nomos, Sinzheim
Printed in Germany
ISBN 3-458-34895-6

1 2 3 4 5 6 – 11 10 09 08 07 06

Inhalt

Erzählungen

Reiselust

Es ist mitten im Winter, der Schnee wechselt mit Föhn und das Eis mit Schmutz, die Feldwege sind ungangbar, man ist von der nächsten Nachbarschaft abgeschnitten ...

Ich trete häufig für einige Augenblicke ins Schlafzimmer, wo an der Wand die große Karte von Italien hängt, und streife mit begehrlichem Auge über den Po und Apennin hinweg, durch grüne toskanische Täler, an blau und gelben Strandbuchten der Riviera hin, schiele auch etwa nach Sizilien hinab und verirre mich dabei gegen Korfu und Griechenland hin. Lieber Gott, wie ist das alles nah beieinander! Und wie schnell kann man überall sein. Und pfeifend kehre ich in die Studierstube zurück, lese entbehrliche Bücher, schreibe entbehrliche Artikel und denke entbehrliche Gedanken.

Im vergangenen Jahre war ich sechs Monate auf Reisen, im vorhergehenden fünf Monate, und eigentlich ist das für einen Familienvater, Landmann und Gärtner ziemlich reichlich, und als ich neulich das letztemal heimkehrte, nachdem ich unterwegs in der Fremde krank geworden, operiert worden und eine gute Weile gelegen war, da schien es mir an der Zeit, nun für lange hinaus, wenn nicht für ewig, Frieden zu schließen und heimisch und häuslich zu werden. Allein, kaum war die ärgste Abmagerung und Müdigkeit überwunden und ersetzt, kaum hatte ich mich wieder ein paar Wochen mit Büchern befaßt und Schreibpapier verbraucht, da schien eines Tages die Sonne wieder so unheimlich gelb und jung auf die alte Landstraße, und über den See lief ein schwarzer Nachen mit einem großen schneeweißen Segel, und ich bedachte die Kürze des Menschenlebens, und plötzlich war von allen Vorsätzen und Wünschen und Erkenntnissen nichts mehr da als eine unheilbare, tolle Reiselust.

Ach, die echte Reiselust ist nicht anders und nicht besser als jene gefährliche Lust, unerschrocken zu denken, sich die Welt auf den Kopf zu stellen und von allen Dingen, Menschen und Ereignissen Antworten haben zu wollen. Die wird nicht mit Plänen und nicht aus Büchern gestillt, die fordert mehr und kostet mehr, man muß schon Herz und Blut daran rücken.

Vor meinem Fenster wühlt der weiche, laue Westwind im schwarzen See, ohne Zweck, ohne Ziel, in seiner Leidenschaft rasend und sich verzehrend, wild und unersättlich. So wild und unersättlich ist die wahre Reiselust, der Erkenntnis- und Erlebensdrang, den kein Erkennen stillt und kein Erleben sättigt. Der ist stärker als wir und als alle Ketten, und über wen er herrscht, von dem will er immer wieder Opfer haben. Gibt es nicht Menschen, die toll und wild bis zum äußersten Wagnis und bis zum Untergang nach Geld jagen und nach Frauengunst und nach Fürstengunst? Nun, so jagen wir, wir Reiselustigen, nach einem Erfassen und Erleben der Mutter Erde, nach einem Einswerden mit ihr, nach einem so völligen Besitzen und Sichhingeben, wie es nicht zu haben und nicht zu erjagen, wie es nur zu träumen, zu begehren, zu ersehnen ist. Und vielleicht ist diese unsre Jagd und Leidenschaft nicht viel anders und um nichts besser als die des Spielers, des Spekulanten, des Don Juan, des Strebers. Im Hinblick auf die Abendstunde aber scheint mir unsre Leidenschaft doch besser und wertvoller zu sein als manche andre. Wenn uns die Erde ruft, wenn uns Wanderern die Heimkehr, uns Rastlosen die Ruhestatt winkt, so wird das Ende kein Abschiednehmen und zages Sichergeben sein, sondern ein dankbares und durstiges Schlürfen des tiefsten Erlebens. Wir sind neugierig auf Südamerika, auf unentdeckte Buchten der Südsee, auf die Pole der Erde, auf das Verstehen der Winde, Ströme, Blitze, Lawinen – aber wir sind noch unendlich viel neugieriger auf den Tod, auf das letzte und kühnste Erlebnis dieses Daseins. Denn wir glauben zu wissen, daß von allen Erkenntnissen und Erlebnissen nur die wohlverdient und befriedigend sein können, um die wir gern das Leben hingeben.

[1910]

Reiselied

Sonne, leuchte mir ins Herz hinein,
Wind, verweh mir Sorgen und Beschwerden!
Tiefere Wonne weiß ich nicht auf Erden,
Als im Weiten unterwegs zu sein.

Nach der Ebne nehm ich meinen Lauf,
Sonne soll mich sengen, Meer mich kühlen;
Unsrer Erde Leben mitzufühlen
Tu ich alle Sinne festlich auf.

Und so soll mir jeder neue Tag
Neue Freunde, neue Brüder weisen,
Bis ich leidlos alle Kräfte preisen,
Aller Sterne Gast und Freund sein mag.

Über die Alpen

Das ist ein Wandern, wenn der Schnee
Der Alpenberge kühl erglänzt,
Indes der erste blaue See
Italiens schon die Sicht begrenzt!

Durch Höhenwind und herbe Luft
Weht eine süße Ahnung her
Von violettem Ferneduft
Und südlich übersonntem Meer.

Und weiter sehnt das Auge sich
Zum hellen Florentiner Dom
Und träumt nach jedem Hügelstrich
Aufsteigend das beglänzte Rom.

Schon formt die Lippe unbewußt
Der fremden schönen Sprache Laut,
Indes ein Meer verklärter Lust
Dir schauernd warm entgegenblaut.

Bei Spezia

In großen Takten singt das Meer,
Der schwüle Westwind heult und lacht,
Sturmwolken jagen schwarz und schwer;
Man sieht sie nicht, es ist zu nacht.

Mir aber scheint: so tot und bang,
So ohne Trost und Sternegold
Durch schwüle Nacht und Sturmgesang
Sei auch mein Leben hingerollt.

Und doch ist keine Nacht so schwer
Und so voll Dunkels keine Fahrt,
Der nicht vom nahen Morgen her
Des Lichtes süße Ahnung ward.

Meermittag

Das ist so süß wie Traum und Tod:
Von Glut und Stille müd und schwer
Zu ruhn in einem Fischerboot
Im herben Duft von Salz und Teer.
Der kurzen Pfeife Wolkenspiel
Folgt lang das Auge ohne Ziel,
Bis es gebannt und müde ruht
In blauer Mittagssonnenglut.
Da segeln hoch in stetem Ziehn
Die weißen, losen Wolken hin,
Fernher mit kaum gehörtem Pfiff
Gibt Kunde seiner Fahrt ein Schiff.

Die Flut in träumerischem Spiel
Verlecht mit dumpfem Laut am Kiel;
Das schlaffe Segel feiert leer,
Die Netzeschnur schleift hinterher.
Und alles, was dich sonst bewegt,
Und alles, was in Glück und Weh
Dir irgendwann das Herz erregt,
Ruht tief und schlummert in der See.
Dein Herz, so wild es sonst gebrannt,
Wird wieder still, wird wieder Kind
Und ruht wie Sonne, Meer und Wind
In Gottes Hand.

Tagebuchnotiz aus Livorno

19. 4. 1901

In Livorno ging ich sofort zum Hafen, wo ich mich zwei Stunden Barke führen ließ. Die Fahrt auf dem abendklaren Meer war köstlich. Ich ging den molo nuovo zu Fuße ab: Das Meer mit vielen Segeln, die Küste und die Inseln (darunter Elba) waren herrlich schön. Ich schöpfte mit der Hand einen Schluck Salzwasser. Am Strande fand der Bootsmann eine Menge austernartige Muscheln, deren frischen Inhalt nebst Meerwasser ich mit Appetit verzehrte – frutta di mare. Dann bestieg ich den Leuchtturm. Von da sah ich nochmals Korsika, Elba etc. sowie durchs Fernrohr sehr schön den Dom von Pisa, ohne die Stadt, von Bäumen eingerahmt. Nun Bummel in der buntbelebten Hafenstadt. Glänzender Reflex eines frisch mit Zinnober gestrichenen Schiffes im Meer. Vesper in einer Trattoria nahe der Bahn. [In der Stadt hat ein Café den Namen »Amico Fritz«.] Auf der Rückfahrt erst wundervolles Abendglühen, namentlich in den Kanälen, dann schöner Sternhimmel.

Hafen von Livorno

Nach einem Bild, das ich vor Jahren sah,
Verläßt mich eine milde Sehnsucht nie.
Es ist mir oft in Träumen fern und nah
Wie eines Jugendwanderliedes
Vergeßne traumbekannte Melodie.

Die Sonne sank und war voll müder Glut,
Der fernen Inselberge Linie schwand
In Duft und Himmel. Und die schwere Flut
Des Meeres schlug in wunderlichen Takten
An meines dunklen Fischerbootes Rand.

Ein gelbes Dreiecksegel flammte schwer
Am Molo auf. Ein sattes Leuchten glitt
Mit jäher Schönheit übers goldne Meer
Und nahm die letzten roten Strahlen
Ins violette Reich des Abends mit.

Odysseus

Bei Livorno

Das fernste Schiff, das abendlich besonnt
Mit schwarzen Masten fährt am Horizont,
Das meinen Blick mit starkem Zauber hält
Am Rande einer unsichtbaren Welt.

– Mir träumt, sein Steuer läge in der Hand
Des göttlichen Odysseus, der sein Land
Durch aller Meere schreckenvolle Flucht
Mit namenlosem Heimweh liebt und sucht,
Der nächtelang, unbeugsam dem Geschick,
Des Himmels Sterne mißt mit scharfem Blick,
Der hundertmal verschlagen und bedroht
Sich sehnt und weiterkämpft durch Angst und Tod
In sturmverfolgter hoffnungsloser Fahrt
Ziel und Vollendung ungebeugt erharrt.

Das ferne Schiff entgleitet meinem Blick
In dunkelblaue Meere; sein Geschick
Füllt meinen Traum und läßt ins Blaue ziehen
Mit leiser Frage seine Phantasien.
Ist dort, wohin das Schiff des Dulders fährt,
Ist dort das Glück, nach dem mein Wunsch begehrt?
– Vielleicht! – Und welches Schiff führt mich ihm zu?
– Einstweilen irre, Herz, und dulde du!

In Pisa

Aus dem Reisetagebuch

19. 4. 1901

Halb 12 Uhr Ankunft in Pisa und Besteigung des famosen, leider schiefen Kampanile mit Blick auf Stadt, Berge und Meer. Ich aß ein paar Eier mit Wein, das Wetter blieb klar und warm, ein Prachtstag. Vom Zug aus sah ich Zypressen, deren Gipfel für die Perspektive die Höhe des fernen Gebirgs hatten und beim Fahren die Höhenlinie wie Finger abfühlen. Nach Tisch zum Dom. Das Ensemble von Dom, Kampanile, Baptisterium, Campo Santo ist etwas ganz Einziges, abseits der Stadt eine kleine stille Welt edelster Kunst, die auch die Schiefe des Turms nur wenig stört. Die Domfassade ist imponierend edel. Die alte Erztüre ist ein strenges, solides Werk, neben dem die zwei späteren Türen miserabel aussehen. Das Innere des Doms ist ein Wunder in Konstruktion und Dekoration, alles von fast antiker Klarheit. Prächtiges Chorgestühl, geschnitzt und eingelegt. Mosaik von Cimabue, Bilder von Andrea del Sarto. Im Dom ersucht ein Plakat, man möge nicht auf den Boden spucken »aus Respekt vor dem Haus Gottes und wegen der Hygiene«! Vor dem Dom saß ein hübsches Mädchen und frisierte sich vor einem Scherben Spiegelglas. Der Campo Santo ist ein sehr ernster, würdiger Raum, mit dem Gozzolis lustig unterhaltende Fresken eigen kontrastieren. Der »Triumph des Todes« ist von größter Wirkung und übertraf meine Vorstellung weit. Besuch des Baptisteriums mit der schönen Kanzel des Pisano, deren drei säulentragende Löwen mir besonders imponieren. Schönes Echo.

Am Arno das zierliche gotische Kirchlein S. Maria della Spina. Die Stadt scheint wohlhabend, ist recht sauber und auffallend still. Nur auf *einer* Straße fand ich Leben, wo einige Männer Schlagball spielten und die ganze Gasse zusah.

Vom Zauber einer alten, untergegangenen Kunst

Der Triumph des Todes

Vor dem hübschen, ruhigen Städtchen Pisa liegt abseits und von grünen friedlichen Wiesen eingeschlossen eine stille, ernste, marmorne Welt, einsam und vom Zauber einer alten, untergegangenen Kunst übergossen. Das ist jene berühmte Pisaner Gruppe heiliger Gebäude, des Baptisteriums, des Domes, des Campanile und des Campo Santo, sämtlich aus jener uns seltsam anziehenden Zeit stammend, in welcher aus der Dantesken Kultur des endenden Mittelalters heraus die ersten überraschenden Keime einer neuen Kunst und eines neuen Lebens erstanden.

Wer aus den Straßen der wenig belebten Stadt heraustretend zum erstenmal von diesem einzigartigen Anblick überrascht wird, der bleibt mit Herzklopfen vor dieser adlig schönen Gruppe stehen. Kein Haus, kein Bild oder Klang modernen Lebens stört den Eindruck, abgeschlossen und in der ganzen Reinheit von ehemals liegt diese kleine Welt im Grünen, deren späteste Teile sechs Jahrhunderte alt sind. Wen hier nicht ein Gefühl von Ehrfurcht und heiligem Schauer überwältigt, der ist vergebens nach Italien gekommen; er wird keinen zweiten Ort finden, wo ein Stück des alten Italien sich so großartig rein und edel erhalten hat.

Nach dem Erwachen aus dem ersten ehrfürchtigen Staunen wendet sich unwillkürlich die erste Neugierde dem Campanile, dem berühmten schiefen Turme, zu.

Auch mir ging es so, und vom ersten Augenblick an war es mir rätselhaft, daß viele der Ansicht sind, dieser Turm sei mit Absicht schief angelegt worden. Denn wenn die beiden schiefen Türme von Bologna den erstrebten Eindruck des apart Bizarren wirklich machen, so kann man den Pisaner Turm nur mit tiefem Bedauern über seine schiefe Neigung betrachten, welche den einzigen Mißklang in einer vielleicht nirgends sonst so großartig vorhandenen vornehmen Harmonie gibt.

Nachdem ich den wundervollen Turm betrachtet und erstiegen, den Dom mit der glänzenden Fassade und den Bildern des Andrea del Sarto, sowie das Baptisterium mit der streng schönen, reliefgeschmückten Kanzel des Giovanni Pisano besucht hatte, wandte ich mich zu dem wenige Schritte entfernten Campo Santo, in dessen Innern ich einen Eindruck besonderer Art auf mich warten wußte.

Der Campo Santo ist ein rechteckiger, grüner Platz, von nach innen offenen Hallen umgeben, deren Wände die berühmten Fresken bedecken. Der ganze Raum ist totenstill, abgelegen und feierlich und hat die Stimmung der Weltferne und des nachdenklichen Ernstes. Die Steinböden der Hallen sind aus Grabplatten zusammengesetzt, auf denen eine wichtige Sammlung antiker und mittelalterlicher Plastik aufgestellt ist. Ich hatte das Glück, der einzige Besucher zu sein; nichts störte meine stille Betrachtung, kein Laut als der meiner eigenen Schritte traf mein Ohr. Ich besah die bunte Reihe der Fresken, fand bei den Skulpturen einige höchst anziehende etruskische Stücke und ließ dann mein Auge auf dem grün bewachsenen Hofe ausruhen, um dann das

Hauptbild, den Triumph des Todes, würdig zu betrachten. Während dieses Ausruhens in der vollkommenen Stille war meine Phantasie mit dem Bilde der Zeit beschäftigt, in welcher diese Wände erbaut und bemalt wurden, die durch die Vermittlung der englischen Präraffaëliten wieder einen so enormen Einfluß auf die Kunst der letzten Jahrzehnte geübt haben. Bei allem Reiz hatte das historische Phantasieren an diesem Ort der Vergangenheit und des Todes etwas Traurigmachendes; ich riß mich los und stellte mich nun dem »Triumph des Todes« gegenüber auf.

Die schwermütige Mystik des scheidenden Mittelalters redet aus diesem gewaltigen Bilde, das heute noch, beschädigt und antiquiert, die Schatten der Trauer und Todesgedanken auf die Seele des Beschauers legt. Links ist das fromme Leben der Einsiedler dargestellt, für welche der Tod keine Schrecken hat; der eine ruht an einen Baum gelehnt, ein anderer liest gebückt in einem Buche, ein dritter melkt eine Hirschkuh. Rechts sehen wir die Seligen im Paradiese sitzen, unter laubigen Fruchtbäumen, in tiefem Frieden, bei Gespräch und Lautenspiel. Die Mitte aber schildert in drei Hauptgruppen den Triumph des Todes, der nach Willkür grausam über die Menschen herrscht. Da reitet eine vornehme, reichgekleidete Jagdgesellschaft, auf schönen Rossen, von Hunden umbellt. Plötzlich begegnen die Vordersten des fröhlichen Zuges drei offenen Gräbern, in welchen Leichname in den verschiedenen Stadien der Verwesung sichtbar werden. Ein obenan reitender schöner Jüngling erbleicht und zeigt den Nachfolgenden stumm mit ausgestrecktem Finger das Schrecknis, die Dame zu seiner Rechten blickt scheu und verstört hinüber. Und nun pflanzt sich der Schauer des Todesschreckens durch die glänzende große Reihe fort, ein Hündlein nähert sich angstvoll winselnd den Gräbern, eines der Pferde stiert mit vorgerecktem Halse scheu auf die Leichname. Die nächstfolgende Dame neigt in schmerzlicher Todesangst das schöne Haupt auf die Hand und kann nicht nochmals hinübersehen; der ganze Zug gerät in ängstliches Stokken, nur die Hintersten, die noch nichts ahnen, blicken lebensfroh und übermütig uns aus dem Bilde an.

Nebenan folgt die ergreifendste Gruppe. Eine Schar von Armen und Bettlern steht und liegt am Wege. Sie alle sind elend, alt, krank und des Lebens müde; der eine ist blind, ein anderer lahm, andere vom Alter gekrümmt oder durch Unglück verstümmelt. Mit herzzerreißenden Gesten und Blicken flehen sie zum Tode, er möge sie erlösen, sie, die einzigen, welche gern zu sterben bereit sind.

Aber der Tod erhört sie nicht. Als grauenhafte Megäre mäht er mit riesiger Hippe seine Beute nieder, lauter Junge, Reiche, Schöne, Vornehme, die am Leben hingen. Sie liegen dicht in welken Haufen am Boden, Äbte, Nobili, Edeldamen und in der Blüte weggeraffte Jugend. Darüber in den Lüften streiten sich Engel und Teufel um die Seelen.

Das ist der *trionfo della morte*. Ich weiß kein Bild und keine Dichtung, aus denen so gewaltig düster die ewige Todesbotschaft spricht, es seien denn zwei oder drei jener fast trostlos herben Todesverse in den Psalmen, im Jesus Sirach und im Prediger Salomo.

[1901]

»Ars Florentiae Docet«

Die Stunde kam. Ich nahte mich Florenz.
Der schönen fremden Sprache Laut erklang,
Die Sonne streute Gold den Strom entlang,
Rings auf den Hügeln duftete der Lenz!

Ich weiß nicht, ob die Erde Schöneres hat –
Paläste streift bei jedem Schritt mein Blick,
Aus jedem Steine spricht ein groß Geschick,
Buntheit und Duft erfüllt die Blumenstadt.

Die Stunde kam. Es glänzt in warmem Licht
Tal, Strom und Stadt. Allein des Glückes Schimmer,
Der tröstet, heiligt und beglückt für immer,
Und den ich lange suchte, fand ich nicht.

Ostern in Florenz

Lo scoppio del carro

Am Ostersamstag jedes Jahres begehen die Florentiner eine eigentümliche Feier, den *scoppio del carro*, den »Wagenschuß«. Die Geschichte des uralten Brauches ist nicht in allen Punkten völlig klar – das Wichtigste sei hier kurz erzählt.

Im Kreuzzug des Gottfried von Bouillon war ein Pazzo aus dem berühmten Florentiner Patrizierhause der Pazzi der erste Mann, der den Fuß auf die Mauer von Jerusalem setzte. Ihm schenkte Gottfried, um seine Tapferkeit zu belohnen, später drei Steine vom Heiligen Grabe, welche Pazzo auf einem wundervollen Wagen im Triumph nach Florenz führte. Die Steine wurden in die Apostelkirche verbracht, da damals der Dom noch nicht stand, und aus diesen Steinen schlugen die Priester das Heilige Feuer für die geweihten Lampen der Kirchen und Privathäuser. Der Familie der Pazzi aber verblieb das Privilegium, auf jenem Wagen den Gläubigen die geweihte Flamme auszuteilen. Der Wagen wurde mit Fackeln und Kerzen besteckt, die am Hochaltar entzündet waren und bewegte sich feierlich durch die Stadt.

Dies die zugrundeliegende Legende. Der heute benützte Wagen soll der dritte Nachfolger des ursprünglichen sein. Die Feuerzeremonie aber hat sich im Lauf der Zeiten zu einer Art von kirchlichem Feuerwerk umgestaltet, das indessen noch immer eine praktische Bedeutung hat, freilich eine ganz andere als ehemals. Nach jetzigem Brauch wird der Carro, der mit Feuerrädern,

Schwärmern und anderem Feuerwerk reich garniert ist, auf dem Domplatz durch eine vom Hochaltar des Domes ausgehende Rakete entzündet. Die Rakete hat die Form einer Taube und gleitet einer Schnur entlang vom Altar durch das ganze Schiff des Domes und durch das Hauptportal ins Freie. Aus dem Flug dieses »Täubchens« nun schließen die Landleute festen Zutrauens auf die jeweils zu hoffende Ernte. Wehe dem Korn und Obst, wenn die Taube unterwegs im Fluge stockt und ihrem Lauf nachgeholfen werden muß! Kommt sie aber ohne Hemmung ans Ziel, so bricht das Landvolk in laute Rufe der Befriedigung aus, denn nun ist eine reiche Ernte sicher!

Der Ostersamstag dieses Jahres war so sonnig und klar, daß ich schon um zehn Uhr den Glockenturm des Domes erstieg und mir auf dem hohen Dachkranze einen bequemen Platz aussuchte. Ein prachtvoller Aufenthalt! Zunächst fesselt die Betrachtung des Domes, dessen Kuppel von hier aus einen architektonischen Anblick ersten Ranges bietet. Dann die zahllosen Türme, Zinnen und Kirchengiebel der Stadt. Neben dem trotzig schönen Turm des Palazzo Vecchio steht der breite, schlichte des Bargello und das schlanke, spitzige Türmchen der Badia. Nach links schließt Santa Croce und die Synagoge sich an. Dann jenseits des Arno die Porto San Niccolo, die Kirchen Santo Spirito, Carmine und Frediano, und weiterhin Santa Maria Novella, San Michele, San Lorenzo und die ganze glänzende Reihe der Kirchen, die das Auge mit Freude erkennt und begrüßt und neben welchen da und dort wie kleine Inseln die grünen Vierecke der Kreuzgänge auftauchen. Und hinter alledem auf beiden Seiten des glänzenden Flusses die grünen Hügel, die jetzt in der Obstblüte schimmern.

Auf dem Domplatze sammelte sich schon jetzt die Menge. Landleute kommen in zahlreichen Gruppen von allen Toren her, Bauern aus Settignano, aus Fiesole, aus San Domenico, aus Majano und weiter her. Der Carro stand zwischen Dom und Baptisterium, von zwei dichten Volksreihen umdrängt; der Dom selbst war schon voll von Menschen. Der Verkehr auf dem Domplatz war gesperrt. Wagen konnten schon um halb elf Uhr nicht mehr passieren. Von meiner Höhe aus war es anziehend zu beobachten, wie die Neugierde der ganzen großen Stadt aus den fernsten Straßen her gegen den Dom herandrang, bis der ganze Platz schwarz von Volk war. Aus der dunklen Menge leuchteten da und dort die Körbe der Orangenverkäufer, die Rufe der Traktatkrämer und Zeitungskolporteure drangen bis zu mir herauf.

Um elf Uhr bewegte sich ein farbig reicher Priesterzug aus dem Hauptportal des Domes und verschwand langsam ins Baptisterium. Kurz vor zwölf Uhr kehrte er ebenso feierlich in den Dom zurück. Die Volksmenge bedeckte nun dichtgedrängt den ganzen Platz und stand ringsum noch weit in den Nachbarstraßen, Fenster und Dächer waren dicht besetzt. Um zwölf Uhr fiel gleichzeitig mit dem mittäglichen Kanonenschuß das Geläute sämtlicher Türme betäubend ein. Die »Taube« flog vom Domaltar heraus, heil und ohne Stockung, zum lauten Jubel der Landleute. Und nun rauchte und flammte unter langdauerndem entsetzlichen Krachen das Feuerwerk des Wagens zusammen, vom Zuruf der Menge begleitet und den ganzen Domplatz mit Pulverdampf erfüllend. Als endlich das letzte noch flammende Feuerrad langsam und zuckend verglüht war, wurden dem Wagen vier prachtvolle, gewaltige weiße Ochsen mit rotem Lederzeug und vergoldeten Hörnern vorgespannt und in pomphaftem Zuge, vom Volk begleitet, abgeführt. In meiner Trattoria traf ich später einen der Bauern, der in froher Erntehoffnung sich den Luxus einer doppelten Portion delikater *maccheroncini ragutati* gönnte und dessen strahlend behäbiges Toskanergesicht die Freude über das schöne Fest und den glücklichen Taubenflug mit einem unbeschreiblichen Ausdruck schlauer Zufriedenheit schmückte.

[1901]

Ein Opernabend

Aus dem Reisetagebuch

6. 4. 1901

Abends halb neun Uhr ging ich ... in ein größeres Theater, wo Verdis »Aida« gegeben wurde. Musik nicht dumm, stellenweise raffiniert schön, doch lärmig und ganz nur auf Effekt aus. Aufführung mit kolossalem italienischem Pathos, vom Publikum scharf kontrolliert und an Lieblingsstellen wütend applaudiert, mit Geheul belobt und da capo verlangt, ganz ohne Rücksicht auf das Stück, das einfach unterbrochen wird, um eine pathetische Stelle nochmals zu geben. Pausen sehr lang. Dekoration mäßig, Bühne groß, doch nicht tief, Orchester groß und gut. Auf den Galerien herrschte lebhafteste Teilnahme. Einzelne singen laut mit. Das Ganze, bis halb ein Uhr dauernd, war eine vorzügliche Gelegenheit, dieses Volk näher kennenzulernen, das bei einem sentimentalen Tremolo Tränen vergießt und im selben Augenblick über ein kleines szenisches Versehen jubelnd lacht. Diese Leute sind, wenn sie nicht gerade Geschäfte machen, von einer Naivität und Sicherheit des Sichgebens, dabei von einer natürlichen Lebensart und Beweglichkeit, neben der wir Nordländer Marionetten sind.

Wenn ich an Florenz denke …

Wer in fremden Landschaften und Städten nicht lediglich dem Berühmten, Auffallendsten nachgeht, sondern Verlangen trägt, das Eigentliche, Tiefere zu verstehen und mit Liebe zu erfassen, in dessen Erinnerung werden meistens Zufälligkeiten, Kleinigkeiten einen besonderen Glanz haben. Wenn ich an Florenz denke, sehe ich als erstes Bild nicht den Dom oder den alten Palast der Signorie, sondern den kleinen Goldfischteich im Giardino Boboli, wo ich an meinem ersten Florentiner Nachmittag ein Gespräch mit einigen Frauen und ihren Kindern hatte, zum erstenmal die Florentiner Sprache vernahm und die mir aus so viel Büchern vertraute Stadt zum erstenmal als etwas Wirkliches und Lebendes empfand, mit dem ich reden und das ich mit Händen fassen konnte. Der Dom und der alte Palast und alles Berühmte von Florenz ist mir darum nicht entgangen; ich glaube es besser erlebt und mir herzlicher zu eigen gemacht zu haben, als viele fleißige Baedekertouristen, es wächst mir aus lauter kleinen, nebensächlichen Erlebnissen sicher und einheitlich heraus, und wenn ich ein paar schöne Bilder der Uffizien vergaß, so habe ich dafür die Erinnerung an Abende, die ich mit der Hauswirtin in der Küche, und an Nächte, die ich mit Burschen und Männern in kleinen Weinschenken verplauderte, und an den gesprächigen Vorstadtschneider, der mir unter seiner Haustüre die zerrissenen Hosen auf dem Leibe flickte und mir dazu feurige politische Reden, Opernmelodien und fidele Volksliedchen zum besten gab. [1904]

Il Giardino di Boboli

So sehr ich bemüht war, die Zeit meines Florentiner Aufenthaltes fleißig auszukaufen, bereue ich es doch nicht, einige halbe Nachmittage im Boboli-Garten verbummelt und verträumt zu haben. Vom Besuch mancher wichtigen Kirche, ja von ganzen, flüchtig besuchten Städten nahm ich nur eine vage, konturlose Erinnerung mit, die Stunden im Boboli-Garten aber hoffe ich nie zu vergessen.

Wer den Garten richtig genießen will, darf ihn nicht an den Sonntagnachmittagen aufsuchen, wo die Wege und Bänke von Besuchern wimmeln. Man muß ihn sehen, wenn er in grünem Schweigen liegt, am besten in der heißen Stille einer Mittagsstunde. Dann vermag er einen Begriff zu geben von jenen italienischen Fürstengärten, die man erst in Rom sucht und die jeder aus den träumerischen Versen Eichendorffs kennt, von jenen klassischen Gärten, wo tiefschattige Wege sich durch hohe immergrüne Gebüsche winden, wo kühle Brunnen und weiße Statuen aus dunkeln Hainen blicken. Wer den Boboli-Garten in solch einer stillen, sonnigen Stunde allein besucht, dessen Phantasie kann nicht widerstehen, die Wege und Rasenplätze mit lustwandelnden oder ballspielenden adligen Jünglingen in der Tracht des 16. Jahrhunderts, die Bänke mit konversierenden Gentildonne und adligen Liebespaaren zu bevölkern.

Dort lag ich manchmal rücklings auf einer Bank oder im Grase, von den großblumigen, bunten Anemonen und Narzissen umgeben, und folgte mit gedankenlosen Blikken den weißen Frühlingswolken, die hoch über den schwarzen Zypressenwipfeln am reinen Himmel wanderten. Ich dachte mir den ersten Besitzer des Gartens hier wandeln, den Herzog Cosimo I., oder die Künstler, die seine Anlage besorgten, den Tribolo und den famosen liebenswürdigen Giovanni da Bologna; und ich schämte mich nicht, mich einem leicht zu verspottenden, dennoch eigenartig beglückenden Rausch von Schönheit und Vergangenheit hinzugeben. Dann ging ich überall umher, die malerischen Durchblicke aufzusuchen, an denen der große Garten reich ist. Man kann von einer glücklichen Stelle aus den Dom und Kampanile in einem Rahmen von Lorbeer und Zypressen erblicken, oder, über die dunkelgrünen Gebüsche auftauchend, das in der Sonne glänzende Fiesole, fern und friedlich wie ein Traumbild, vom klaren Himmel überwölbt.

Mich berührte, wenn ich vom Meere absehe, dort zum erstenmal der Zauber des Südens. Es ist wahr, unsere süddeutschen und schweizerischen Waldgebirge sind unendlich viel reicher, grüner, üppiger, und der Frühling kommt bei uns mit vollerer und süßerer Luft – ich empfand das bei meiner Rückkehr in den lieben Schwarzwald wohl. Dennoch zog mich die südliche Landschaft mächtig an: Kahle, mit reinem Umriß in den Himmel stehende Berge, graugrüne Abhänge, von Oliven- und Obstgärten bedeckt, dazwischen an den Hügel gelehnt die hellen Landhäuser, denen selten eine Gruppe schwarzer schlanker Zypressen fehlt, das alles gehoben durch die klare, höchst durchsichtige Luft und die kräftige Sonne. In Florenz kommt dazu der schöne, gewundene

Fluß und die blumenreichen, prachtvollen Frühlingswiesen des Tales, die schimmernd weiße Blüte der Birnen und die zartrote, ganze Hänge schmückende der Aprikosen. Wenn das heutige Florentiner Leben mit dem der toskanischen Glanzzeit wenig Gemeinsames mehr hat, so kann man doch heute noch jene lieblichen, zarten Landschaften, die von Ghirlandaio bis in die Jugendwerke des Raffael so unzählig vorkommen, in der Toskana wiederfinden.

Wenn ich vom Giardino Boboli rede, darf ich den Fontänenteich mit den Goldfischen nicht vergessen, der mich manche Stunde lang ergötzt hat. Mit Ausnahme eines Schweizer Malers fand ich freilich in Florenz niemand, der sich mit mir für diese Goldfische begeistert hätte. Ich hatte eine besondere Freude an den behenden Fischen, die in großen Scharen den Teich erfüllen. Unter ihnen fand ich eine Menge jener Prachtexemplare, auf deren Rücken von der Rückenflosse bis zum Schwanze ein Streif echten, fast blendenden Goldes glänzt. Ich sah ihn am schönsten an jungen Exemplaren. Es ist ein köstlicher Anblick, wenn ein Schwarm der zinnoberrot und golden leuchtenden Tiere durch das hellgrüne Wasser über weiße Spiegelwolken wegschwimmt, durch das außergewöhnliche Farbenspiel sowohl wie durch den Reichtum an raschen, eleganten, mühelosen Bewegungen entzückend. In mancher Stadt sah ich berühmte Paläste, deren Anblick mich nicht halb so frisch und kräftig erfreute, und ich lachte über die Menge der Reisenden, die in ängstlicher Eile von Stadt zu Stadt gewissenhaft dem Baedeker folgen und für einen harmlosen Spaziergang, für den Eintritt in eine unbekannte Kapelle, für lustige Straßengespräche oder auch für Goldfischteiche absolut keine Viertelstunde übrig haben. Mir wurden jene lebhaften, schönen Fische allmählich ein Hauptzweig des berühmten Gartens. Ich sah und lernte an ihnen soviel Erfreuliches wie in mancher Galerie. Reizend ist es z. B., wenn in dem besonnten Wasser ein gewöhnlicher, grauer Fisch sich den Rotgoldenen nähert und von ihnen schimmernde Reflexfarben erhält, und ganz köstlich ist es, einen ganz dichten Schwarm einer Brotkugel oder einem Steinchen nach plötzlich in die Tiefe tauchen zu sehen, wobei die urplötzliche heftige Verkürzung so vieler Körper komisch überrascht.

Wenn ich nicht wüßte, daß dergleichen in italienischen Reisebriefen niemand sucht und liebt, so könnte ich eine Reihe ähnlicher Schilderungen anfügen, namentlich über Vögel, dann über Eidechsen, deren ich im Boboli eine Menge traf und deren kluge, elastische, dem wohlwollenden Menschen zugeneigte Art mich oft erheiterte. Ich war freilich nicht nach Florenz gereist, um dort mit Eidechsen zu spielen, aber sollte ich es abweisen, wenn eine harmlos frohe Stunde nur sie vor's Auge brachte? Ich gestehe, daß ich nächst dem Genuß der Kunstwerke ersten Ranges von nichts so viel Freude hatte und an nichts so gerne zurückdenke wie an die naiven Unterhaltungen mit Wolken, Bäumen, Kindern und Tieren. Darf ich sagen, daß ich während derartiger Allotrien zuweilen das Bewußtsein hatte, von genußreichen Reisen mehr zu verstehen als die große Mehrzahl der mit Baedeker und Rundreisebillet dahineilenden Italienfahrer?

[1901]

Ein Stadtrundgang durch Florenz mit Hesses Reisetagebuch

Der Dom (Santa Maria del Fiore)

25. 4. 1901

Ich will diesen Vormittag dem Dom widmen, den ich täglich mehr bewundere. Nach einigem Aufenthalt im Schiff erstieg ich die innere Kuppelgalerie. Hier hat man ein ungeheures architektonisches Bild: die Kuppel durch Weite und Höhe gleich imponierend, tief unten Chor und Mittelschiff mit dem schönen Mosaikboden; die Menschen unten winzig aus der Vogelperspektive. Beim Austritt auf die äußere Galerie plötzlich weiter Blick über die sonnige Stadt mit Kirchen, Palästen und grüner Umgebung. Technisch interessant der weitere Aufstieg in der Riesenkuppel. Am Fuß der Laterne ist man schon höher als der Kampanile. Da heute die Luft sehr klar ist, ist der Aufenthalt hier oben herrlich. Das neue Grün und die Fliederblüte zwischen den immergrünen Zypressen, Pinien etc. ist reizend. Die Höhe der Kuppel imponiert am meisten, wenn man auf die schon gewaltig hohe innere Galerie von ganz oben (innen) nochmals hoch hinabsieht. Unten ist Meßdienst und singt eine Menge Priester. Die riesigen Fresken der Kuppel sind total wirkungslos.

Der Campanile

6. 4. 1901

Um 10 Uhr bestieg ich den Campanile, wo sich ein ganz einziger Blick über Florenz auftut. Besonders schön ist die Übersicht über den Dom selbst, dessen Anlage und geniale Kuppel, ein unschätzbarer architektonischer Blick. Dann die vielen Kirchen, Türme, Tore, Plätze, Paläste der Stadt. Vom obersten Dache sieht der Domplatz winzig und das Baptisterium wie ein Schächtelchen aus. Die vielen Menschen wimmeln unten wie Punkte. Mit Ausnahme des Domkuppelkreuzes und der Turmspitze des Palazzo Vecchio ist dies hier der höchste Punkt der Stadt.

Ich lege mich lang auf das warme Dach, lasse mich von der Sonne verbrennen und habe Stadt, Hügel und Arno glänzend unter mir.

Der Palazzo Vecchio

5. 4. 1901

Wir gehen in den Palazzo Vecchio, dessen großer Saal einige wichtigere Antiken und große (späte) minderwertige Fresken und Decken hat, dazu einige schöne Tapeten. Der Saal hat große Verhältnisse und sucht in den Seitenwänden die schiefe Parallelogrammform zu vertuschen.

14. 4. 1901

Aufenthalt im Hof des Palazzo Vecchio, der mich immer wieder anzieht, mit dem köstlichen Fischbübchen von Verrocchio. [Auffallend ist, wie *Rubens* hier abfällt. Allerdings brachte ich ein starkes Vorurteil gegen ihn schon mit. Neben den alten Toskanern macht er einen geradezu gemeinen Eindruck.]*

Die Kirche Orsanmichele

12. 4. 1901

Kurzer Aufenthalt in Orsanmichele; dort das prächtig reiche Tabernakel mit feiner Madonna auf Goldgrund, beides von Orcagna. Das Tabernakel, reich an Ornament und Reliefs, ist ein Prunkstück ersten Rangs, aus Marmor mit Gold und Edelsteinen. Nun nach San Lorenzo. Zuerst Eintritt hinten. Hier die von der großen Kuppel überwölbte Fürstenkapelle, von schönen Raumverhältnissen, namentlich schön die große Kuppel, die mit bunten, mittelmäßigen Fresken bemalt ist. Die Dekoration zu reich, bunt und unruhig. Enthält die Grabmäler der fürstlichen Medici, zum Teil mit schönen Wappen in wertvollem Mosaik. Die kleine Medicikapelle (sagrestia nuova), ebenfalls mit (kleinerer) Kuppel, hat wundervolle Verhältnisse; Kuppel weiß, einfachst kassettiert. Der Pensieroso ist schön; die andern weltberühmten Michelangeloskulpturen, namentlich die »Nacht«, sind technisch großartig und von genialer Kraft, aber mir unsympathisch. – In der Kirche selbst ist vor den Chorstufen das Grab des großen Cosimo, einfachst, nur Inschrift. Kanzelreliefs aus Donatellos Schule. In einer Seitenkapelle lieblich schöne »Verkündigung« von Fra Filippo. In der alten Sakristei ein Perugino (?), edle Ornamente (Reliefmedaillen) von Donatello, schöne Erztüren. Neben

* Zusätze in eckigen Klammern: nachträglich von Hesse an den Rand des Tagebuches notierte Bemerkungen.

der Kirche reizend heimeliger Kreuzgang mit verwildertem Grasgarten und unregelmäßigen Fensterchen. Hinterer dreiseitiger Kreuzgang (bescheidenst) umschließt ein unsichtbares Gärtchen, über dessen Mauern eine Fülle von Aprikosen- und Birnenblüten herausragt. Nahe in der Via Ginori mehrere schöne Palazzi. Um die Ecke der Palazzo Riccardi, einer der größten und schönsten, mit gutem Säulenhof. Famos die Blicke durch einzelne Türen und Palasthöfe in lorbeergrüne Gärten.

Die Kirche Santa Trinità

9. 4. 1901

Besuch der Trinità, sehr alte Kirche in der Via Tornabuoni, worin eine Holzstatue der Magdalene und eine herrliche Kapelle mit Fresken von Ghirlandaio, um die Sarkophagnischen hübsches Relief, Altarbild derselben Kapelle scheint moderne Kopie von Ghirlandaios »Anbetung« in der Akademie, in prächtigem Rahmen. Links in einer Kapelle ein unbenanntes Altarbild (thronende Madonna mit Heiligen) auf Goldgrund, mit köstlich naiver Predelle.

Die Uffizien

1. 4. 1901

Erst die untern Säle mit Malerporträts, darunter [den] mir liebgewordenen Filippino Lippi, Rembrandt, Tizian, Schiavone. Dort ist auch das große Selbstporträt von Rubens, schneidig, flott und glänzend. Dann Velázquez. Moderne, die mich fesselten: Herkomer, Watts, Millais. Oben Korridor die Antiken.

Nun erster Saal oben: herrlich der große Van der Goes, leuchtend schön und naiv. Daneben eine süße Madonna von Botticelli. Desselben Pastell »Anbetung der Weisen« äußerst dramatisch bewegt, das unmögliche Gestein schadet sehr. Sehr ähnlich, doch kompakter dieselbe Darstellung von Filippino Lippi, dessen große daneben hängende Madonna aber enttäuscht. Besonders frisch wirkt der naive Ghirlandaio. [Wenn man die Uffizien verläßt, empfiehlt es sich, erst in den Loggien zu warten, bis die Augen das Licht und Leben der Straßen wieder ertragen, da man sonst auf der rastlos belebten Piazza Signoria mit Sicherheit überfahren wird, was mir zweimal ums Haar passierte.]

... Dann Dom und Ghibertitür des Baptisteriums. Der Dom mit Turm ist überwältigend großartig, auch namentlich die Farben. Spaziergang auf beiden Seiten des Arno mit Brücken.

2. 4. 1901

Zunächst verweilte ich wieder lang vor der großen Anbetung von Van der Goes, die mich sehr anzieht. Die Landschaft des rechten Seitenbildes (Flügels) ist merkwürdig frühlinghaft herb-süß. Dann der Botticellisaal mit Magnificat, Verkündigung, Fortezza etc., im selben Raum schöne Lorenzo di Credi und eine sehr buntlustige Anbetung des Ghirlandaio, dessen naives Frohsein neben Botticelli sehr hervorsticht. [Das Magnificat übertrifft die daneben hängenden andern Botticelli weit, es ist von einem Schmelz und Glanz der Farben wie kein anderer Botticelli. Es müßte aber ein eigenes Zimmer haben.] Das Magnificat enttäuscht auch die gesteigertste Erwartung nicht. Im kleinen Toskaner Saal einige schöne

Porträts von Unbekannten (die besten frühern Porträts der Uffizien sind immer vom »Ignoto«), Botticellis Calumnia und ein winziger reizender Beato Angelico. [Botticellis Venus Anadyamene, die in den Uffizien sein soll, fand ich bis jetzt noch immer nicht.] In der Tribuna wird alles, auch Tizian, durch Raffaels Stieglitzmadonna verdunkelt – das Bild wiegt alles auf, was ich je sah, und lohnt allein die Reise; daneben sehen die hiesigen Tizianfrauenköpfe fast gemein aus. Lieb ward mir in der Tribuna auch Peruginos Madonna. [Die Tribuna, als Ganzes betrachtet, enttäuscht; es sind minderwertige Sachen dabei, dazu hängt das meiste schlecht und ist der Raum zu eng. Für den Schleifer und die Ringer ist es schade, daß sie dort im Gedränge stehen. Michelangelos Heilige Familie in der Tribuna ist wohl technisch virtuos, aber entbehrt aller Stimmung und ist farbig unbedeutend.]

3. 4. 1901

Wieder Uffizien. Zunächst Saal des Hermaphroditen: Juno, sterbender Alexander, mächtiger schöner Fauntorso, Reliefs. Dann Niobesaal. Säle der Handzeichnungen: schöne von Raffael, Filippo Lippi, Andrea del Sarto, Michelangelo (Cleopatra!), die von Botticelli fand ich nicht. Sala del Baroccio, mit Baroccis großer Madonna del Popolo, Snyders' Eberjagd, Van Dyck etc. nicht von Wichtigkeit. Ich besah nun unten im Verbindungsgang die Kupfer (Abendmahl, Marc Antonio!). Große prächtige Kupfer von Audran, Edelinck, J. Callot, Ponzio, Radierungen von Rembrandt: Kreuzabnahme, Landschaften, Selbst- und andere Porträts, 100 Guldenblatt, ecce homo, Löwenjagden. [Diese schöne Sammlung Rembrandtscher Werke war das einzige Niederländische, was neben den Italienern mir stark zu imponieren vermochte.]

Am Fenster dort Blick auf den Arno. Der Arno grün und wasserreich, ziemlich wie der Basler Rhein, der Ponte Vecchio mit den alten kleinen Häusern und Juwelierläden sehr malerisch. Die Sammlung der Rembrandtschen Blätter macht mir großen Eindruck. Ich kenne nun die ganze Ausdehnung der Uffizien und kann mich zurechtfinden und einrichten. Eigentlich würden sie allein für vier Wochen Arbeit geben. Dann noch ½ Stunde zum Magnificat, zur Stieglitzmadonna, in der Tribuna bewundere ich auch wieder die herrliche Ringergruppe (9. Jahrhundert). [Daß die »Fornarina« der Tribuna nicht von Raffael, sondern von Sebastiano ist, leuchtet auf den ersten Blick ein. Natürlich bezeichnet das offizielle Schild sie als Raffaello.] Vor dem Gehen besuchte ich noch die zwei Rembrandtporträts unten.

10. 4. 1901

Vom [Palazzo] Pitti ging ich in die Uffizien. Der Verbindungsgang hat außer seiner Bequemlichkeit den großen Vorteil, daß man die Bilder der einen Galerie bis zur andern frisch im Blick behalten kann, was beim Gang durch die Straßen unmöglich ist. Auch bietet er einige aparte Arnoveduten. In den Uffizien findet sich jenes *Gartenmauermotiv* namentlich zweimal bei Baldovinetti (Verkündigung und Madonna, im I. Korridor), bei Botticelli (Madonna, ebenda), bei Ghirlandaio, im Saal des Monaco, wo ich heute endlich auch die Geburt der Venus von Botticelli fand. [Dann wieder bei Verrocchio (Schule): Madonna, Kind und Heilige und zweimal zierlich bescheiden bei Angelico Beato, Geburt Johannis und Sposalizien der Maria (Miniaturen).]

14. 4. 1901

Uffizien. Dort sieht man heute auch Italiener, Arbeiter und Handwerker im Sonntagsrock, die sich durch ihr stilles Betragen und oft auch durch ihre Art, die Bilder zu betrachten, vorteilhaft vom englischen und deutschen Pöbel unterscheiden. Einige dunkle, ernst und tief blickende Porträts junger Männer, dem Parmigianino zugeschrieben. In einem der Niederländersäle, wo das herrliche Doppelporträt von Messys ist, findet sich eine thronende Madonna mit Kind und zwei Engeln von Hans Memling, merkwürdig frischfarben blühend, mit reichem Ornament und schöne Fruchtschnur, unter Glas, ein Kabinettstück. Daneben, in der Farbe nicht mehr so frisch, ein van der Goes, thronende Maria, mit wunderbar exakt gemachtem Detail: Goldbrokat, Edelsteine, plattierte Schmuckarbeit, Stickerei, wie sie, nur etwas kühler, Crivelli manchmal hat. Auf dem Bildchen ist u. a. eine Pfauenfeder, ein reicher Schwertgriff, Goldquasten, ein offenes Buch und ein geschlossenes mit schönem Einband und goldgepreßtem Schnitt brillant gemacht; doch läßt sich das Material, namentlich die Stoffe der Kleider, kaum unterscheiden (selbst der Sammet), auch das Haar ist fleißig, doch ohne Gefühl für das Material. In den Korridoren ist alles Schönste vom Ignoto Toscano.

Der Palazzo Pitti

8. 4. 1901

Kräftig schöner, großer Bau, der einen herbschönen Anblick bietet. Im ersten Saal der Galerie freut mich neben den großen Andrea del Sarto und dem Fra Bartolommeo namentlich die wundervolle Madonna von Perugino, der mir überhaupt immer lieber wird. Tizians Christus hat einen jener weichen, tiefblauen venezianischen Hintergründe. In der Sala della Stufa nun der erste Tizian, der mich begeistert, »Sposalizien der hl. Katharina« mit viel Landschaft, in Bau und Kolorit harmonisch, weich und süß, das ganze Bild wie Musik. Entzückend ist die kleine Sala del Bagno, ein ganz köstliches Badezimmer, Boden-Mosaik, Decke und Lünetten-Reliefs, vier reizende korinthische Säulchen, Marmorwanne, zwei Tischchen und Stühle.

Im Saal des Ulysses eine in der Lichtgebung auffallende Madonna von Tintoretto und einige Salvator Rosa. Carlo Dolci wirkt durchweg abstoßend affektiert. Im nächsten Saal Tizians Pietro Aretino, ein großartiges Porträt, ebenda Filippo Lippis Rundbild: die lieblich feine Madonna, mit Mariä Geburt im Hintergrund. Daneben ein kleiner, bunter, zierlicher Pinturicchio. Im selben Saal zwei runde florentinische Madonnen, ohne Namen, den Lippi verwandt, und Botticellis Simonetta. [Wichtig und mir sehr lieb geworden sind auch die zwei schönen Selbstporträts des Andrea del Sarto, der in Florenz so viele edelschöne, symphatische Bilder hat.]

Dann der Hauptsaal: die Granduca von ganz überirdischer Schönheit. Ergreifend das »Konzert« von Giorgione. Die Sedia hat prächtig leuchtende Farben; es ist eine Lust, das Bild zu betrachten, doch hat es wenig Seele.

10. 4. 1901

[Im Palazzo] Pitti, wo ich zunächst wieder lange vor Tizians Katharina sitze. Das Bild hat gar nichts Besonderes als die den Toskanern meist fehlende völlige Einheit des Tones, in welcher Licht, Figuren, Landschaft etc. gleichberechtigte Akkorde sind. Durch einen Hirten mit Viehherde (besonders Schafe), der rechts den Mittelgrund einnimmt, und durch Dorf und Kirchlein im Hintergrunde gewinnt das Bild neben der schönen räumlichen Tiefe einen überaus lieben Hauch von Stille und Idyll. Es wird eben von einer freundlichen alten Dame nicht übel kopiert. Neben Raffaels großem Porträt Leos X. hängt wenig besucht eine Magdalena von Perugino, einer seiner süßesten Frauenköpfe, dessen zarte und doch reife Schönheit von keinem hiesigen Raffael übertroffen wird. Leider ist es zur Zeit durch eine große Staffelei verdunkelt. Auf Filippinos großer runder Madonna wieder die typische tragende Dienerin. Daneben auf der ziemlich gleichzeitigen unbenannten Madonna wieder die oft vorkommende prächtig dekorative Gartenmauer mit gleichmäßig beschnittenen Zierbäumen (hier wohl Zypressen?), die auf Ghirlandaios und Masolinos Fresken mir schon auffiel. Im [Palazzo] Pitti findet es sich nur dies eine Mal. Was die großzügige Komposition betrifft, ist vor Andrea del Sarto Fra Bartolommeo der Größte, dafür entbehren seine Bilder des toskanischen Liebreizes.

18. 4. 1901

[Palazzo] Pitti. Im dritten Saal: Ignoto, ritratto di una giovane, kleines Bildchen, schwer gerahmt. Ein junges blondes Mädchen in rotem Kleid und leichtem Spitzenkragen, goldene Kette um Hals und Brust, graubraune kluge Augen, auffallend blühendes Gesicht mit vollen Lippen auf sehr schlankem Halse, das Ganze hellfarbig auf schwarzem Grunde, ein anmutend stilles Bildchen. Ich blieb bis 12 Uhr im Pitti; Veroneses beide weiße Kinderporträtchen, Tizians Aretino, Andrea del Sartos Verkündigung und Peruginos Magdalena fesselten mich diesmal speziell.

Der Boboli-Garten

11. 4. 1901

Der Garten ist schön wie ein Wunder, mit meist immergrünen Anlagen, fürstlichen Wegen und Terrassen, Statuen, Brunnen, Treppen, Vasen. Herrliche Sonne. Die Luft ist heute so auffallend transparent, daß alle Farben doppelt glänzen und die Ferne herrlich klar leuchtet. Weite, dichte, hohe, dunkle Gänge aus Lorbeer. Wundervolle Aussicht über den [Palazzo] Pitti weg auf Florenz und weit in die Berge, deren höchste noch Schneegipfel haben. Große alte Zypressen, schöne Pinien. Glänzend hellgelbgrün das neue Laub der Kastanien. Auf den Wiesen Orchis, Anemonen und fremde Blumen. Köstliches Spiel der Wolkenschatten bei starkem Winde. Sich beugende Zypressenwipfel, wie schwanke schwarze Flammen. Man kann seine Phantasie nicht genußreicher und edler beschäftigen, als indem man diesen großartigen Garten mit vornehm kostümierten Gestalten des alten Florenz bevölkert. Hier mußten patrizische Jünglinge Ball spielen und schöne vornehme Frauen sich den Ariost vorlesen lassen. Im untersten Hof bei der Grotte eine steinerne Halbkreisbank, Sitz und Lehne hübsches Mosaik, die Galerie nebenan mit hübschen Renaissanceornamenten bemalt (weiß auf grün).

Die Kirche Santo Spirito

17. 4. 1901

Besuch von Santo Spirito, wundervolle Kirche. Pieros Altarbild und das von Lorenzo di Credi (beides Madonnen mit Heiligen) von rührend schlichter Schönheit. Chor: protzig barock. Filippinos Madonna dort ist ein reifes, schönes Werk, mit reizendem Bambino. Sakristei und Vorhalle wirken durch sehr reine Verhältnisse. An der kleinen, stillen Piazza, wo Palmen und Magnolien und auf den Steinbänken Kinder, steht der schöne Palazzo Guadagni, entzückender Frührenaissancebau, mit flotter Loggia unter dem Dach. Ich ging hinein, im schönen kleinen Hof rauschte ein Einhornbrunnen und sonnte sich ein alter Knecht, mit dem ich plauderte. Er erzählte mir Geschichten von seiner Herrschaftsfamilie und war der Ansicht, alles irgend Alte und Schöne in Florenz, auch sein Palast, sei von Michelangelo gemacht.

Die Kirche Santa Maria del Carmine

7. 4. 1901

Wir besuchen die nahe schöne Kuppelkirche Carmine, mit der kostbaren Kapelle Brancacci, welche Fresken von Filippino Lippi und Masaccio hat. Masaccios »Vertreibung aus dem Paradies« ist gewaltig schlicht und edel. In den Lippi-Fresken fällt namentlich die liebenswürdige, unglaublich lebendige des schlafenden jungen Wächters Petri auf. Petris Kreuzigung (Lippi) zeigt durch einen Türbogen eine schöne ferne Landschaft, in derselben Tür in der Jünglingsgruppe Filippinos eigener Kopf, ausdrucksvoll aus dem Bilde herausschauend. Ein Streif Sonne fiel auf die rechte Wand, und wir warteten, bis er auch den schönen Petriwächter traf, der nun mit dem edel modellierten Kopf in zarter Färbung hervortrat, ein ungemein anmutender Anblick.

17. 4. 1901

Besuch in Carmine. Ich eilte gleich in die Freskenkapelle und fand gerade durch einen glücklichen Sonnenstrahl meinen Liebling, Filippinos schlafenden Wächter, allein glänzend beleuchtet. Die Kapelle war voll von Besuchern, die alle eifrig studierten; aber keiner beachtete die Figur. Sonderbar! Mir ist ein von Sonne beschienenes Freskodetail immer eine unschätzbare Glücksgabe und lieber als eine ganze dunkle Kirche voll. In der Sakristei werden eben die Fresken von Spinello Aretino gewaschen und restauriert, so bestieg ich das Gerüst und sah den ganzen Zyklus nah und deutlich (Leben der hl. Cäcilie, nicht eben genial, doch hübsch). Der Kreuzgang ist anmutend hübsch, heimeliger Raum mit frischem Grün. Masaccios Fresko ist übelst erhalten, dagegen das von Giovanni da Milano gut, es erfreut durch kräftige helle Farben.

Die Kirche Santa Maria Novella

9. 4. 1901

[Die] Kirche Santa Maria Novella hat [eine] prächtige, nicht gut erhaltene Marmorfassade, daneben Kreuzgang mit Gräbern, außen in schwarzweiß Marmor modern hübsch restauriert ... Die Altarbilder sind spät und unbedeutend. In der Kapelle Rucellai der große Cimabue leider ganz ohne Licht, dennoch einiger Eindruck von Majestät. Die Kapelle war zu dunkel, als daß ich die andern Bilder und Grabmäler hätte besehen können. Besser beleuchtet war der Chor, mit Ghirlandaios wundervollen Fresken aus dem Leben Mariä links und Johannis rechts. Besonders entzückte mich Mariä Geburt in der untern Fensterecke, mit glänzendem Interieur, besonders Puttenornament reizend, frisch und reich. Einzelne, ja viele Köpfe auf diesen herrlichen Fresken sind von großem Eindruck und so frisch, als wären sie gestern gemalt. Darunter zweifellos eine ganze Anzahl Porträtköpfe, welche mit Architektur und Kostüm zusammen ein lebhaftes Bild des Florenz im Quattrocento geben. Die oberen Bilder sind schlechter erhalten und mühsam zu sehen. In »Joachinis Vertreibung« reiche Renaissancearchitektur des Tempels, sonst viele Fassaden im Florentiner Palaststil, mit Loggia im obersten Stock, wie man sie hier so oft findet. Drei schöne Frauen links unten auf der »Heimsuchung«, ebenda zwei reizend lebendige Knaben, die über die Mauerbrüstung hinabsehen und die Rücken ins Bild kehren, sowie zwei schöne Bäume. In der »Geburt Johannes« typische Figur der eilenden Dienerin mit Fruchtkorb mit Hintergrund, der eine sehr schöne Landschaft leider nur ahnen läßt. Dann im linken Querschiff das große Fresko von Orcagna, in dessen etwas steifer Mystik eine Anzahl sehr gut gezeichneter, schön bewegter Körper auffällt. Das Fresko übt ganz die Wirkung düster dantesker Mystik. Zum Schluß Gang um den ganzen Komplex von Santa Maria Novella.

24. 4. 1901

Santa Maria Novella, deren Chorfresken doch die flottesten von Florenz sind. Heute hatte auch die große Cimabue-Madonna Licht, die typische Figur mit je drei knienden Engeln rechts und links. Die Filippino-Fresken der Strozzi-Kapelle sind frisch und lebhaft, doch oberflächlich, und sehen neben Ghirlandaio konventionell und künstlich aus. Die Cappella degli Spagnuoli sah ich bei allerbestem Licht, so daß der Eindruck des völlig bemalten schönen Raumes sehr glücklich war. Die Fresken sind reich an interessanten Details, auch Inhalt und Auffassung ist bedeutend und interessant, künstlerisch bedeutend sind sie nicht. Schön sind die Kreuzgänge, deren größter leider unzugänglich.

Der Bargello-Palast

11. 4. 1901

Nun der Bargello mit Nationalmuseum! Michelangelos Madonnenrelief ist das erste von Michelangelo, was mir gefällt. Wuchtig massiv. Schöne Reliefs von Benedetto da Rovezzano. Ganz herrlich ist der Hof des Bargello, mit flotter Treppe und Galerie, mit vielen Wappen geschmückt, alles bieder, knapp und bündig, festlich und trotzig zugleich. Der Saal des Donatello macht schon beim Eintritt einen kräftig-ernsten, würdigen Eindruck. Am schönsten der Bronzedavid und der hl. Georg. Verblüffend lebendig die Kinderköpfe und einige Porträtbüsten. Der stattliche, sehr hohe Saal mit wuchtigem Gewölbe wirkt kräftig mit. Die geniale Kunst Donatellos redet hier unendlich stark, streng und überzeugend. Alles atmet Echtheit und Wahrhaftigkeit. – Erst von einem Fenster des Bargello aus bemerkte ich die schöne Tür der Badia mit dem Tonrelief von B. Buglioni.

Weiter im Bargello reiche Sammlung von Kleinkunst, namentlich Schmuck: z. B. ein venezianisches Bischofskreuz, Emailarbeit mit Amethysten. Bei den Elfenbeinsachen namentlich die französischen schön. Bei den Gemmen fiel mir eine in Kristall geschnittene, wundervoll schlanke Graziengruppe auf (Italien XVI sec.) Unter den kleinen Porträtmedaillen eine famose mit Büste des Lorenzo magnifico, kräftig schöne, derbe Arbeit in Bronze. Dann das Original des Cellini-Reliefs am Perseus: Befreiung der Andromeda. Sonst leuchtet mir von den Bronzen nur der David von Verrocchio stark ein. Unter den Tapeten fesselt mich eine aus Goldstoff mit Renaissancemuster in schmalen roten Linien, entzückend schön.

Daneben ein Saal, früher Kapelle, mit Fresken aus Giottos Schule, auf einer derselben (Paradies, der Tür gegenüber) der berühmte Dantekopf, renoviert und enttäuschend. Nebenan unter den Gewändern einige glänzende Prachtstücke: auf einem samtenen Bischofskleid famos gewirkte Märtyrerlegenden (Rock grün, Bilder farbig auf weißem Grund, der als vertikales Band den Rock teilt). Weiteres einzelne: blaugoldener, emaillierter Kopf eines Krummstabs, mit eingesetzten Edelsteinen, in einen Tierkopf auslaufend, dessen Augen schwarze Steine (französisch oder spanisch). Ein goldener Fingerring mit zwei ungemein zart gearbeiteten ineinandergelegten Händen mit reizend schlanken Fingerchen (ital. XVI sec.). Edler goldener breiter Fingerring, mit steilen, stark erhabenen astrologischen Zeichen (ital. XIV sec.). Eine Haarnadel mit Goldgriff und Juwelen.

21. 4. 1901

Im Bargello: silberne französische und deutsche Kassettenbeschläge der Renaissance, mit edlen Ornamenten. Der Fuß eines Reliquariums, emailliert, toskanisch, 14. Jahrhundert, der aus allen ähnlichen Stücken durch seine strenge, reine Struktur und Ornamentik hervorleuchtet, wie überhaupt die Ornamente der guten Florentiner Zeit von einem frappierend strengen, vornehmen Geschmack sind. Ich bewundere wieder das italienische Publikum, das mit erstaunlichem Eifer und Verständnis stundenlang Medaillen und Skulpturen ansieht und sich dabei ungemein still und artig benimmt. Drei verschiedene Medaillen mit dem Kopfe des Sigismondo Pandolfo Malatesta, der auf einer derselben überraschend schön, ernst und adlig aussieht.

Die Badia-Kirche

11. 4. 1901

Besuch der Badia (dem Bargello gegenüber), wo in einer Seitenkapelle Filippinos schönstes Werk: die Madonna erscheint dem hl. Bernhard. Das Bild ist vielleicht das poetischste des ganzen Quattrocento: Maria legt dem lesenden Heiligen leise die schlanke Hand aufs Buch, neben ihr und hinter ihr köstliche Engelknaben. Die Farben frisch und leuchtend, feine zarte Landschaft, Figur und Gesicht der schlanken hellblonden Madonna unbeschreiblich keusch, zart und lieblich.

Die Kirche Santa Croce

[15. 4. 1901]

Santa Croce, wo mich zunächst die Kanzel von Benedetto da Maiano eine Weile fesselt. In der Capella Castellani sind Agnolo Gaddis Fresken leider stark verwüstet. Daneben Taddeo Gaddi gut erhalten. In der Altarkapelle der Sakristei unter den alten Fresken des Giovanni da Milano sind besonders Mariä Geburt und Mariä Tempelgang reizend naiv und frisch. In den Schränken der Sakristei einige prunkvolle Meßgewänder und heilige Geräte, Bücher mit prächtigen Miniaturen, unter diesen ein A mit Auferstehung Jesu, mit bewegten Gesichtern der Frauen und schlafenden Wächtern. Dann ein P mit Ritter Georg und Jungfrau, Hintergrund alte Stadt, Georgs Pferd fahl rosa, sonst glänzend satte Farben. In der Sakristei sprach ich mit einem italienischen Priester vom Lande, der über so viel Glanz und Reichtum ganz entzückt und außer sich war. Im Gang vor der Sakristei Reste übertünchter Fresken, ganz unbeachtet, gut erhalten nur links der Tür ein schöner schreitender Engel, dessen Gesicht ausgesprochen Botticelli-Typus hat. Die Giottofresken in den Kapellen sind wundervoll reif und energisch, doch ganz restauriert. Im Chor schöne Fresken von Agnolo Gaddi. Ein Grabmal von Desiderio da

Settignano herrlich. Dann Kreuzgang mit dem edlen Bau der Pazzikapelle.

Die Kirche Santa Maria Maddalena dei Pazzi

15. 4. 1901

Besuch der Kirche S. Maria Maddalena dei Pazzi, mit schönem Hof. Um die Ecke Peruginos Kreuzigung, Fresko, wo ich eine gute Weile allein sein durfte. Das große, lichte, dreiteilige Bild ist unbeschreiblich schön, schlicht und edel, verbindet klassische Komposition und Selbstbeschränkung mit dem ganzen Zauber der quattrocentistischen Lieblichkeit und Naivität; die Landschaft ist von wunderbar zartem Reiz.

Die Galleria dell'Accademia

4. 4. 1901

Michelangelos riesiger David, Ghirlandaios Anbetung, Fra Angelico, Luca Signorelli, schöner Fra Filippo. Botticellis »Frühling« sehr matt in der Farbe, dennoch schön, besonders die Flora. Botticellis thronende Madonna hat vier schöne Engel, Kind und Johannes sind krankhaft häßlich. Schön in milden Tönen der Tobias. Anbetende Hirten von Lorenzo di Credi. Saal des Fra Angelico golden und rotblau leuchtend.

20. 4. 1901

Halb elf Uhr ging ich in die Akademie. Erst diesmal fiel mir die Schönheit einer Botticelli-Madonna auf, die links von seiner großen, dem Tobias entsprechend, hängt. Auf diesem Bilde ist eine ganz besonders innige, vertiefte Andacht, namentlich der hl. Damian mit dem zur Seite nach der Madonna gewandten Kopf ist von ergreifendem Ausdruck. Der »Frühling« ist mir, seit ich an die blassen Farben gewöhnt bin, immer lieber geworden, auch der famose Hintergrund, der von stärkster dekorativer Wirkung ist und an Modernes erinnert.

Das Museum von San Marco

12. 4. 1901

Neben der Kirche San Marco Eintritt ins Kloster (Museo) di San Marco. Eintritt gleich in den vorderen Kreuzgang, dessen ganze Mitte eine große, breitästige, herrliche grüne Zeder ausfüllt. Hier eine Serie bunter Fresken, darunter der feine Christus als Pilger von Fra Angelico. Im Kapitelsaal dessen großes Fresko der Kreuzigung. Im Refektorium Soglinis zwei schöne Bilder. Im kleinen Refektorium abseits Ghirlandaios köstliches Abendmahl (Gartenmauer!), der Abendmahlstisch voll Kirschen. Im obern Stock die Zellenreihe mit Bildchen von Fra Angelico. Die Zellen, geweißte Gewölbe mit winzigen Bogenfensterchen in Nischen, roter Steinboden, jede mit einem kleinen Fresko, haben eine ganz eigene Stimmung. Zelle des Savonarola mit Lesetisch und Bildnis. Daneben schöne Madonna von Fra Bartolomeo. Liturgien etc. mit wertvollen Miniaturen, z. B. in einem Antifonarium im Buchstaben A die Stigmatisation des hl. Franz, blühend farbig. ein von der Glorie umgebener schwebender Kruzifixus teilt dem Heiligen die Male durch Strahlen mit, deren Gold frisch durch die satte bunte Farbe der Landschaft glänzt. Blauer Hintergrund, schöne Zypressen.

Die Engländerinnen, die in Florenz um die Frühlingszeit das Kloster San Marco ungenießbar zu machen pflegen, schätzen an Fra Angelico vor allem das Primitive, die kindlich schuldlose Welt seiner seligen Engelchöre, den Verzicht auf die Raffinements der Perspektive und Modellierung, vermutlich weil dadurch scheinbar der ehrwürdige Meister in die Nähe der englischen Präraphaeliten gerückt wird, welche fünfhundert Jahre später auch noch nicht besser malen konnten. Nun ist ja wirklich die innige Gläubigkeit und Kindlichkeit ein Teil von dem, was wir an dem mönchischen Maler Fra Angelico lieben, ebenso wie wir an Giotto die Glut und das drängende Ausdrucksbedürfnis des innerlichst Ergriffenen verehren. Daneben aber ist der konservativere Angelico mit seinen stereotypen Engelgruppen nicht nur ein liebes Kind und ein naiver farbenfroher Erzähler, sondern auch ein gewaltiger Meister der Komposition und Raumdekoration, ein überlegener und in aller Mönchsunschuld fast raffinierter Könner. In Orvieto in jener wundervollen Kapelle im Dom, wo Signorelli seine riesige Kraft von allen Wänden leuchten läßt (nur die köstliche Pietà in der Nische haben die vergnügten Orvietaner mit einem glatten süßen Marmorspielzeug elend verbaut), in jener Kapelle hat Fra Angelico drei Felder der Decke ausgemalt, fünfzig Jahre vor Signorelli, und seine Engel und Propheten ertragen nicht nur die Nachbarschaft Signorellis, sie füllen die spitz auslaufenden Felder dekorativ so vollkommen und glänzend aus, wie es kaum irgendein Meister der späteren Renaissance fertiggebracht hätte. Wer ein Organ für die geistvoll tiefe Sprache der Gotik hat, sieht mit Bewunderung, wie der Florentiner Mönch ihre herben Formen übernommen und mit dem beginnenden Glanz der Renaissance umgeben hat.

[1911]

Der Kreuzgang dello Scalzo

26. 4. 1901

In der Via Cavour zum Chiostro dello Scalzo, wo die braunen Johannesfresken von del Sarto und Franciabigio. Der »Chiostro« ist ein heller, zierlicher Säulenhof; die Fresken nebst den gemalten Renaissanceornamenten schmücken ihn gut. Sie sind bei meist edler Komposition zum Teil voll Leben, namentlich »Johannis Segnung und Abschied« von Franciabigio, welches Bild mit den famosen Knabengestalten und den schönen Zypressen rechts im Hintergrund mir besonders lieb wird.

Die Kirche San Miniato al Monte

2. 4. 1901

San Miniato: schöne Marmorkirche mit guter Fassade und alten Bildern, der Turm fast Ruine; das ganze Anwesen dient als Friedhof. Innen Krypta mit vielen kleinen Säulen, in der Sakristei Fresken (Leben Sankt Benedikts).

5. 4. 1901

In der Kirche Miniato Grabmal G. Giustis, des Dichters, unbedeutend. In der linken Seitenkapelle Altarbild und

Verkündigung al fresco (schön) von Baldovinetti, Jacopo-Kardinalgrabmal von Rosellino, daran namentlich schönes Madonnenrelief, und an der Decke vier blauweiße Medaillons vom lieben Luca della Robbia, Tugenden darstellend. Bei der Kirche ein geschmackloser Campo Santo, in dem nur die edlen Zypressen schön sind.

Die Certosa di Val d'Ema

8. 4. 1901

Nach Tisch Dampftramfahrt von Porta Romana aus nach der Certosa, in überfülltem Zuge stehend. Ein heißer, mauerumschlossener Steinweg führt zum Kloster empor, das stattlich und burgartig auf der Höhe über dem Tal der Enna liegt. Im kleinen Vorhof von den festungsartigen Mauerzinnen schöner Blick ins grüne, reiche Tal der Enna. [Für die ganze Florentiner Landschaft typisch ist die schön geschwungene Hügellinie, helle Farben, und die Villen, Klöster, Häusergruppen und Gartenmauern zwischen hohen, spitzen Zypressen oder Pinien. Eine prächtige Allee dieser Bäume führt nach Villa Poggio hinauf.] Ein Mönch führt uns durchs Kloster. Wundervolle liegende Grabmalfiguren von Donatello, darunter ein wunderbar lieblich-schöner Jüngling. Im Kapitelsaal eine Madonna von Perugino. Viele Kreuzgänge, im größten kühler Trunk aus der Zisterne. Auf der andern Klosterseite Blick nach Fiesole und Prato und in die Berge. Es sind nur wenige Mönche da, meist alte müde Leute in weißen Kutten, freundlich.

23. 4. 1901

Ich sah die ganze Certosa noch einmal, mit besonderer Liebe die Grabmäler von Orcagna und Donatello und den großen Kreuzgang. Jetzt, wo dort alle Blumen und Büsche blühen und die Wärme auf den Gängen flirrt, ist der Hauch von Frieden und Weltferne noch erhöht. Der Klostergarten war voll reifer Zitronen.

6. 3. 1903

Florenz war wieder wundervoll: die ganze Stadt nicht [wie Venedig] eine melancholische Ruine, sondern das heitere Denkmal einer gesunden, überreichen, lebensfrohen Zeit. Meiner Augen wegen lief ich wenig in Galerien herum, desto mehr auf Gassen und Plätzen und in der schönen Umgebung.

Das trotzende Certaldo, die Heimat Boccaccios

Wenn man von Florenz südlich fährt und sich jener eigentümlichen Grenzgegend nähert, wo die Zypressen und Böcklinvillen aufhören und dafür die roten Erdhügel und wilden Weidelandschaften beginnen, jener schönste, charaktervollste Strich von Mittelitalien, sieht man jede halbe Stunde irgendeine kleine alte Stadt auf ihrem Berge schlummern, mit Türmen und festen Mauern, nackt und steinern. Zu jenen schönen, zum Glück gar nicht viel besuchten Städten zwischen Florenz und Rom, von denen die Reisenden meist nur Siena, Perugia und Orvieto kennen, gehört auch das hübsche, steil auf dem Hügel trotzende Certaldo. Das ist die Heimat Boccaccios, der wahrscheinlich von der Mutter her französisches Blut in sich hatte, der sich in Neapel schulte und schließlich zum Florentiner wurde und seit dessen Geburt sechshundert Jahre vergangen sind.

Über Boccaccio wird immer wieder geredet, indem er von der einen Seite als Pornograph beschimpft, von anderen als Virtuose der Erzählungstechnik hoch gerühmt und gegen jene Anwürfe mit Leidenschaft verteidigt wird. So zieht auch der Dekamerone immer wieder ebenso die Lüsternen und Säue wie die ganz Kultivierten an, während die große Zahl gewöhnlicher Bücherleser ihn eigentlich wenig kennt.

Das wird nun ganz langsam anders. Boccaccio beginnt salonfähig zu werden, was wir freilich mehr einer blasiert intellektuellen als einer frisch dem Sinnlichen zugewandten Kulturströmung zu danken haben. Man wird nicht mehr schamrot, aber man fühlt auch nicht mehr das unmittelbar animalische Behagen, mit dem naive Leser diese Geschichten stofflich genießen.

Die technisch-formale Schönheit der Dekameronenovellen spricht zu unserer Zeit entschieden sehr stark; man faßt Boccaccio nirgends mehr kulturgeschichtlich auf, sondern schätzt ihn bewußt als ein eminentes Genie der erzählerischen Darstellung. So bleibt er auch in voller Frische bestehen, während seine kleineren Kollegen trotz mancher Versuche unsrer Zeit nimmer ganz mundgerecht zu machen sind. Einzelne Novellen des Straparola und Masuccio, etwa auch noch des Bandello erinnern bestenfalls an Boccaccio, keines der Bücher dieser Dichter aber läßt sich auch nur entfernt mit dem Dekamerone vergleichen. Dieses Wunderbuch ist eine der schönsten und vollkommensten Kompositionen der Weltliteratur. Es werden hundert Geschichten von zehn Personen vorgetragen, zehn an jedem Tage, und jeder Tag steht unter einem besonderen Zeichen, hat sein vorausbedachtes Programm. Durch den dichten Wald dieser mannigfachen Geschichten, die alle Arten der pointierten Erzählung vom Witz und der Anekdote bis zur runden Novelle enthalten, leuchtet ahnungsvoll immer wieder die schöne Ordnung des Ganzen, die man nie völlig vergißt, wie man denn auch bei den saftigsten Geschichten kaum je ganz vergißt, daß man sich ihnen nicht allein und zwanglos gegenüber befindet, sondern in einer Gesellschaft von gebildeten Florentinern, die unser Gefühl sowohl nach der Seite der Freimütigkeit wie der Dezenz hin nicht selten beschämen. Ich weiß kein Buch in der Welt, wo Laune und Überlegung so nahe beieinander wohnten, wo Üppigkeit und Gewissenhaftigkeit, Wille zum Spaß und Wille zur Kunst so ineinander verschlungen sind.

[1912]

Giovanni Boccaccio als Dichter des »Decamerone«

Der einseitigen Auffassung der italienischen Renaissance als einer »Wiedererweckung des klassischen Altertums« verdankt neben Petrarca auch Boccaccio den etwas zweifelhaften historisch-gelehrten Ruhm eines Vorbereiters dieser Wiedererweckung, da er die römischen Autoren mit großem Eifer las und sammelte und sich auch einige, übrigens meist überschätzte Verdienste um die Wiederaufnahme und Pflege der Lektüre griechischer Philosophen erwarb. Boccaccio selbst tat sich, während er sein »Dekameron« selbst nicht sonderlich hoch zu schätzen schien und es in späteren Jahren sogar am liebsten verleugnet hätte, auf seine philologisch-historischen Arbeiten nicht wenig zugute. Und die Wissenschaft hat sich bis in neuere Zeiten viel um seine meist lateinisch abgefaßten, gelehrten Werke bemüht, sein »Dekameron« aber gerne scheu umgangen.

So könnte man meinen, der Florentiner habe am Ende recht gehabt, seine zahlreichen lateinischen Schriften jenem Buche vorzuziehen, das doch in Wirklichkeit seine herrlichste Leistung und überhaupt eines der wichtigsten und wertvollsten Werke des 14. Jahrhunderts ist. Nun, glücklicherweise war das Fortbestehen und der Ruhm hervorragender Dichtungen niemals von gelehrten Urteilen abhängig und Gott sei Dank hat das Gute und Lebensfähige sich stets von selbst erhalten, während auch das eifrigste Galvanisieren toter Größen selten oder nie von Erfolg gewesen ist. Es sind denn auch die sämtlichen gelehrten Schriften sowie die Jugenddichtungen des Boccaccio seit langer Zeit fast völlig vom Plan verschwunden und gehören für uns heute zum Trödel oder bestenfalls zu den Kuriositäten, während sein köstliches Novellenbuch noch immer von Tausenden gelesen wird und noch mit aller alten Fülle, Kraft und Frische wirkt. Und wem der Name der Renaissance nicht ein gelehrtes Abstraktum ist, sondern das lebendige Bild der städtischen Kultur Italiens im 14. bis 16. Jahrhundert vor Augen stellt, der könnte in diesem Bilde wohl zur Not die genealogia Deorum und die claræ mulieres entbehren, unmöglich aber das unsterbliche Dekameron.

Über Art und Wesen des berühmten Buches viel zu sagen scheint unnötig. Jedermann kennt es wenigstens dem Namen nach und jedermann weiß, daß es innerhalb einer schlichten, aber künstlerisch wie kultur-historisch ungemein wertvollen Rahmenerzählung eine Sammlung von hundert Novellen enthält, deren Stoffe damals (um 1350) bei der Gesellschaft und im Volke in Italien besonders beliebt waren. Bekannt ist auch, daß das Buch schon seit Jahrhunderten seines freien und gelegentlich derben Tones wegen einen schlimmen Ruf genießt. Diesen üblen Leumund verdankt es jedenfalls vor allem seinen großen Erfolgen, seiner enormen Verbreitung über ganz Europa; ohne diese Neid erregende Popularität hätte es gewiß niemals jemand einfallen können, ein Werk so gründlich zu verleumden, dessen allerderbste Unanständigkeiten von zahlreichen Erzeugnissen der gleichzeitigen Literatur aller Länder (speziell Deutschlands und Frankreichs, aber auch Englands) weit überboten werden. Die vorwiegend von der Geistlichkeit ausgehende Unterdrückung und Verfolgung des »Dekameron« galt übrigens seinerzeit in erster Linie nicht der sinnlichen Derbheit und Anschaulichkeit seiner Novellen, sondern der kecken Freimütigkeit, mit welcher Boccaccio vom Leben und Charakter der Priester und Mönche seiner Zeit zu sprechen liebte. So ist es zum Beispiel amüsant, zu sehen, in welchem Sinne die zahlreichen, von geistlichen Zensoren verschlimmbesserten Ausgaben des »Dekameron« im 15. und 16. Jahrhundert redigiert wurden. Eine Novelle etwa, worin erzählt wird, wie ein Bürger oder Edelmann ein Weib verführt oder von der eigenen Frau betrogen wird, bleibt unverändert stehen; wo aber Geistliche, Fratres oder Nonnen ähnliche unfeine Streiche verüben, wird in majorem ecclesiæ gloriam – nicht etwa die Novelle unterdrückt oder der Ausdruck gemildert, sondern einfach der Priester in einen Ritter, der Frater in einen Grafen, die Nonne in ein Bürgermädchen verwandelt, und alles ist nun gut und einwandfrei.

Doch davon soll hier nicht die Rede sein. Von den unzähligen Fragen, die jedem aufmerksamen Leser des Dekameron aufsteigen müssen, sei diesmal nur die eine herausgegriffen: Inwiefern ist der Verfasser dieser berühmtesten aller Novellensammlungen selbsttätiger Dichter und Erfinder, und wie viel hat er aus seinem Leben und persönlichen Wesen in das Buch mitgegeben?

Die hundert Novellen des Dekameron dürften, rein stofflich betrachtet, wenig oder beinahe gar nichts von Giovanni Boccaccio frei Erfundenes enthalten. Sie bestehen aus Anekdoten, Fabeln, Possen, Bonmots, merkwürdigen Lebensläufen und anderen kleinen Erzählungen, die aus allen Ländern und Jahrhunderten stammend zum Besitz des Volkes, der Gesellschaft und der Höfe gehörten und vom Sammler teils nach mündlicher Tradition, teils nach älteren handschriftlichen Quellen wiedererzählt wurden. Viele von ihnen findet man in orientalischen Geschichtenbüchern, in den französischen Fabliaux und anderwärts wieder. Sobald wir jedoch nicht die Stoffe, sondern die Form ihrer Darstellung betrachten, erweist sich das Buch als eine durchaus selbständige, im höchsten Sinn persönliche Dichtung, indem der Sammler und Verfasser die buntfarbige Menge der Stoffe zu einem neuen, in Geist und Vortrag einheitlichen Werke vereinte.

Das mächtige Werkzeug, das vor allem die Verschmelzung und Neugestaltung alter Schätze möglich machte, war Boccaccios Sprache. Sein umfangreiches Werk redet von der Vorrede bis zum letzten Satz der hundertsten Novelle dieselbe lebendige, elegante, biegsame, frische Sprache, deren Zauber jeden Leser entzückt und festhält. Ob sie in großen, volltönenden Reden schwelgt, ob sie schlicht und scheinbar nachlässig erzählt oder ob sie in schalkhaft graziösen Wendungen mit sich selber spielt und Mutwillen treibt, sie ist immer von derselben sprudelnden Frische, Reinheit und Beweglichkeit, niemals lahm, niemals welk, sondern in jedem Augenblick elastisch, jugendlich und bei aller Zierlichkeit körnig und ursprünglich. An vielen Stellen läßt sich nicht verkennen, daß der Dichter ganz bewußt ein Schüler der lateinischen Klassiker, namentlich des Cicero, ist; so liebt er zum Beispiel schöngebaute, lange, wohlgegliederte und oft fast prahlerisch und kokett verschlungene Perioden. Ist aber für die Tektonik der Sätze Cicero sein Vorbild gewesen, so schöpfte er die Sprache selbst, die Worte und Bilder, unmittelbar aus der lebendigen lingua parlata der Gesellschaft, der Gassen und der Märkte. Und als Bestes kam sein eingeborenes, geniales Feingefühl dazu, das was erst einen Autor zum Dichter macht: der geheime Rhythmus, die souverän persönliche Freiheit von Konvenienz und Zopf, die Beseelung und Nuancierung der Worte, die prägnanten Neubildungen, der bei aller Mannigfaltigkeit schön und sicher in sich ruhende Stil.

Nächst der Sprache ist es die Einkleidung, welche hier einer Sammlerarbeit das Unorganische und Zufällige nahm und eine neue, einheitliche Dichtung daraus gemacht hat. Die hundert Novellen erzählt uns Boccaccio bekanntlich nicht selbst. Er läßt sie von zehn jungen Leuten aus Florenz – sieben Mädchen und drei Jünglingen – vortragen, die während der großen Pest des Jahres 1348 der aussterbenden Stadt entrannen, einige Zeit in ländlicher Geselligkeit verbringen und als liebsten Zeitvertreib das Erzählen schöner, rührender aber witziger Geschichten pflegen. Jeden Tag wird einer aus der Gesellschaft zum König erwählt, sorgt für die Unterhaltung der andern und schreibt meistens auch das allgemeine Thema für die an diesem Tage zu erzählenden Novellen vor. Schon diese Einrahmung und Gliederung des vielfältigen Stoffes ist so meisterhaft erfunden wie durchgeführt und hat sowohl als ein in Sprache und Stimmung überaus delikates und stilreines Idyll, wie auch als authentische Schilderung des Florentiner Land- und Gesellschaftslebens im Trecento ihre selbständige und hervorragende Bedeutung. Weiterhin aber gewinnt jede einzelne Novelle dadurch sehr an Farbe und Reiz, daß sie von einer bestimmten Person und in einem bestimmten Zusammenhang vorgetragen wird. Zwischenreden, in denen die Gesellschaft sich etwa über die zuletzt erzählte Geschichte unterhält, Neckereien, Witzworte und Lieder unterbrechen den Reigen der Erzählungen belebend und anmutig, ohne doch je zu überwuchern und zu stören.

So erweist sich im Detail der Rahmenerzählung sowohl wie in der Gesamtkomposition das Dekameron als das Meisterwerk eines genialen Dichters, mag auch die Menge seiner Stoffe aus allen Winden zusammengeweht sein. Nun liegt es nahe, sich dafür zu interessieren, ob der Dichter – nächst Auffassung, Einteilung und Sprache – auch im einzelnen Spuren seiner Persönlichkeit, seines Lebens und seiner Stimmungen im Dekameron hinterlassen habe.

Ob die ganze Erzählung von dem heiteren Landaufenthalt der zehn jungen Leute reine Erfindung, ob ihre Figuren nicht etwa wirkliche Porträts seien, darüber wurde früher viel gestritten. Zwischen Florenz und San Domenico wird ja auch die am Fiesolaner Hügelfluß über dem Mugnonetal liegende Villa Palmieri den Fremden gern als mutmaßlicher Schauplatz jenes Idylls gezeigt. Allein, so verlockend es wäre, diesen Schauplatz wirklich zu kennen, und so ernsthaft und glaubhaft Boccaccio den Ausflug der Pestflüchtigen als eine Tatsache darstellt, so wenig läßt sich etwas Gewisses darüber feststellen. Denn vorsichtig vermeidet es der Dichter, einen wirklich erkennbaren Ort bei Florenz zu zeichnen. Was er über Lage und Landschaft jener Villa sagt, paßt so ziemlich auf jeden beliebigen Florentiner Landsitz und gestattet schlechterdings keine bestimmten Schlüsse.

Sodann ist es gewiß, daß Boccaccio während der Pestzeit nicht zu Hause in Florenz war. Seine berühmte, eingehende und eindrucksvolle Schilderung der pestilenza mortifera verliert dadurch freilich nicht den Wert eines authentischen Zeugnisses, denn in Neapel, wo der Dichter im Jahre 1348 wahrscheinlich lebte, wütete die vom Orient herübergekommene Seuche nicht weniger grauenvoll. Wenn wir nun in einem jener drei Florentiner Jünglinge, welche die sieben Mädchen aufs Land begleiteten, Boccaccio selbst zu erkennen glauben, so verliert die früher beliebte Annahme, es handle sich um ein wirkliches Begebnis, stark an Wahrscheinlichkeit. Und es liegt nahe, in dem Jüngling Dioneo, der am siebenten Tage König ist, Züge des Dichters selbst erblicken zu wollen.

Nicht nur ist dieser Dioneo mit viel mehr Liebe und Sorgfalt gezeichnet und mit viel mehr individuellen Zügen ausgestattet als alle andern Personen der Gesellschaft, sondern er spielt auch die Rolle des Erheiteres, Weiberfreundes, Lustigmachers und unterhaltenden Schwerenöters, welche Boccaccio selbst als Schreiber des Dekameron übernommen hat und zu der er sich im Vorwort ausdrücklichst bekennt. Ferner aber scheint, so vage hier auch die Andeutungen sind, Dioneo als Liebhaber der Fiammetta, der Königin des fünften Tages, gedacht zu sein, und damit wären viele Zweifel behoben. Denn wen wir uns unter dieser Fiammetta zu denken haben, wissen wir ziemlich gewiß.

Daß eine der anmutigen Erzählerinnen des »Dekameron« jenen Namen trägt, geht auf eines der tiefsten Jugenderlebnisse des Dichters zurück. Boccaccio hat den größeren und jedenfalls wichtigsten Teil seiner Jugendjahre in Neapel verlebt. Wider seine Neigung und Anlage war er vom Vater zum Kaufmann bestimmt, und als Kaufmann kam er, nach längeren Florentiner Lehrjahren, schließlich nach Neapel, wo er bald umsattelte und das Studium des kanonischen Rechts ergriff, worin er es freilich nie sonderlich weit gebracht hat. Durch seinen einflußreichen Landsmann Niccolo Acciaiuoli am üppigen Neapolitaner Hofe eingeführt, verliebte er sich in Maria, eine natürliche Tochter des Königs Robert, die er zuerst bei einem Ostergottesdienst in San Lorenzo zu sehen bekam (1334?). Sie galt offiziell für eine Gräfin Aquino und war an einen vornehmen Höfling verheiratet. Des jungen Dichters nicht unerwidert gebliebene Liebe füllte seine ganze erste Neapolitaner Zeit aus und ist der Hauptgegenstand fast aller seiner Jugenddichtungen. Er feierte seine vornehme Geliebte, deren wirklichen Namen er begreiflicherweise nicht öffentlich nennen durfte, stets unter dem Namen Fiammetta, und »Fiammetta« ist auch der Titel eines seiner noch vor dem Novellino verfaßten Romane. Dieser an frohen und bitteren Erfahrungen reichen Liebe hat Boccaccio ein letztes Denkmal gesetzt, indem er den Namen der Geliebten einer der jungen Damen des »Dekameron« beilegte, deren Schönheit und liebenswertes Wesen er (am Ende des vierten Tages) mit schönen Worten rühmt. War auch, als er das schrieb, sein Verhältnis zu Maria gelöst und die einstige Leidenschaft erloschen, so blieb die Erinnerung daran doch die stärkste seines Lebens. Auch mochte diese späte Huldigung einen letzten, wehmütigen und versöhnlichen Nachruf bedeuten, denn allem Vermuten nach ist jene Maria-Fiammetta während des Pestjahres in Neapel gestorben.

Wer diesen Faden weiterverfolgen will, findet in kleinen Zügen und Andeutungen noch manche Spuren jenes Erlebnisses in dem scheinbar so unpersönlich gehaltenen Werke. Wesentliche Aufschlüsse über den Charakter, die Neigungen und Anschauungen des Dichters geben auch seine Vorreden, deren galanten und zierlich scherzenden Ton öfters ein unverkennbarer Ernst durchbricht. Für seine Art, zu leben und die Natur zu sehen und zu genießen, sind die Schilderungen jenes Landaufenthaltes bei Florenz ein guter Spiegel. Sosehr sie gelegentlich an die Art der römischen Idylliker und an manche Briefe des Plinius erinnern, ist doch ein feiner persönlicher Duft über diesen reizenden Naturbildern und zuweilen ein fast modernes Naturempfinden unverkennbar. Der dritte Tag des »Dekameron« beginnt mit einer Beschreibung des schönen Lustortes, den der Volksglauben heute in der Villa Palmieri und ihrer Umgebung wiedererkennen will. Namentlich der an den Palast stoßende Garten ist mit Liebe und Begeisterung bis ins einzelne ausgemalt: die von Rosen und Jasmin eingefaßten Wege, die von Zitronen- und Pomeranzenbäumen umschlossene Wiese, deren Gras tief dunkelgrün (quasi nera parea) und von farbigen Blumen durchwirkt ist, der Springbrunnen, die Kanäle, die Vögel im Gezweig und in den Lüften. Das alles ist mit einem enthusiastischen Gefühl für Naturschönheit dargestellt, für welches die Malerei jener Zeit noch keine hinreichenden Ausdrucksmittel besaß. Und nicht vergessen ist der Duft der Zitronenbäume und der feine, süßwürzige Duft der Weinblüte, der den ganzen Garten köstlich erfüllt. Wer je an einem schönen Frühsommertag im Tal des Mugnone, des Greve oder der Elsa Rast gehalten hat, kann sich keine reizendere und duftigere Beschreibung dieser fruchtbaren, reichen Gartenlandschaft denken, und es gibt nichts Köstlicheres, als sie dort zu lesen, im Schatten der Zitronen oder Zypressen, zwischen den Obstgärten und den mit großen bunten Anemonen übersäten toskanischen Hügelwiesen.

So stellt sich die einleitende und einrahmende Geschichte von den zehn Erzählerinnen und Erzählern ganz als eine freie schöne Dichtung Boccaccios dar, in der er keine Scheu trug, Stimmungen und Erinnerungen aus seinem eigenen Leben leise andeutend einzuflechten. Anders ist es mit den hundert Novellen selbst, wenigstens betont der Autor in der merkwürdigen Vorrede zum vierten Tage, er sei bestrebt gewesen, sich aller Änderungen zu enthalten und alle Historien genau so zu berichten, »wie sie sich zugetragen haben«, das heißt, wie er sie von glaubwürdigen Erzählern vernommen habe. Und doch hat er ohne Zweifel auch hier viel Eigenes gegeben. Am nackten Sachverhalt der Geschichten mag er nichts oder fast nichts geändert haben, aber er umkleidet sie mit schmückenden Schilderungen, fügt lange Reden ein, beginnt oder schließt sie mit allgemeinen Betrachtungen, die er der eigenen Erfahrung und Lebenskenntnis entnimmt. Beim mündlichen Erzählen nimmt jede Geschichte etwas Anekdotenhaftes an, verweilt nicht bei

Schilderungen, zitiert keine größeren Reden, eilt der Pointe oder Lösung zu. So hatte Boccaccio seine Novellen erzählen hören. Wie er sie aber in Muße niederschrieb, ausrundete, in schöne Verhältnisse brachte und sorgsam stilisierte, floß ihm im behaglichen Ausmalen notwendig viel Eigenes mit ein; keineswegs zum Nachteil der Novellen.

Wo in den Erzählungen von den Geschäften, Reisen und Abenteuern der Florentiner Kaufleute die Rede ist, da verdankt der Dichter gewiß die Genauigkeit und Anschaulichkeit seiner Darstellung zum großen Teil seinen eigenen Erfahrungen. So findet sich in der zehnten Novelle des achten Tages eine eingehende Darlegung der Gebräuche und Verpflichtungen beim Hafenverkehr. Wir erfahren, wie und wo der fremde Kaufmann seine Waren unterbringt und versichert, wie aus den Packhofbüchern die Makler sich über Art und Preise der eingetroffenen Handelsgüter unterrichten, wie sie kaufen und tauschen usw. Ähnliche Aufschlüsse kann man an vielen andern Stellen des Buches finden.

Weniger häufig und deutlich tritt Boccaccios politische Anschauung und Erfahrung hervor. In den zahlreichen bei Hofe spielenden Novellen hätte auch seine fanatisch republikanische Gesinnung nur stören können. Dagegen ist seine Begeisterung für die Zeiten und die Charaktere des antiken Roms mehrmals deutlich zu spüren. Und am allerwenigsten hält er mit seiner Geringschätzung des Klerus hinterm Berge. Auffallend ist es schon, daß er mit solcher Vorliebe Geschichten erzählt, in denen Pfarrer, Äbte, Mönche und Nonnen eine häßliche oder lächerliche Rolle spielen. Doch mögen freilich bei dem Niedergang des Mönchwesens und des Klerus (es war die Zeit des Papstexils von Avignon) und bei der zunehmenden freien Denk- und Lebensart der Städte derartige Anekdoten allerwärts besonders viel und gerne kolportiert worden sein. Indes begnügt Boccaccio sich damit nicht. Mit sichtlicher Genugtuung flicht er den Novellen sowie seinen Vorreden nochmals ausführliche entrüstete Anklagereden namentlich wider die Mönche ein (die bezeichnendste in der 7. Novelle des 3. Tages).

Und doch ist es gerade eine der Mönchsnovellen (Tag 6, Novelle 10), in welcher wir den dichter von seiner liebenswürdigsten Seite kennenlernen. Es ist die ergötzliche Geschichte vom Bruder Zippolla und seiner Reliquienpredigt, eine Perle des »Dekameron«. An feurigem Witz, scharfsinnigen, geistreichen oder burlesken Einfällen fehlt es dem Boccaccio ja nie, aber in dieser meisterhaften Erzählung erreicht er die Höhe eines wirklichen, profunden, reinen Humors, wie wir ihn bei den zahllosen spätern italienischen Novellendichtern vergebens suchen. Die Art, wie der mit schwindelhaften Reliquien umherreisende schlaue Bettelmönch seine Überlister wieder überlistet, wie er sich aus einer höchst peinlichen Verlegenheit zu retten weiß, wie er sichtlich seiner eigenen Schlauheit noch mehr als des erschwindelten Geldes sich freut und schließlich zwar als durchschauter Übeltäter, aber doch ungestraft und fast mit einer kleinen diabolischen Glorie aus der heiklen Sache hervorgeht, das alles hat Boccaccio weder aus seinen Quellen noch bei Cicero holen können, das hat er aus seinem Eigensten geschöpft. Ihrer echt toskanischen, witzigen Grazie wegen ist gerade diese Novelle stets der Liebling der Florentiner gewesen und ist es heute noch. Und als um 1570 einst wieder einmal unter geistlicher Aufsicht eine »gereinigte«, d. h. bis zur Unkenntlichkeit verstümmelte »Dekameron«-Ausgabe veranstaltet wurde, baten die Florentiner es sich eigens aus, es müsse wenigstens diese Historie vom Bruder Zippolla unverändert beim alten Wortlaut bleiben.

Eine einzige Novelle, obwohl auch ihr vielleicht ein älteres Vorbild zugrunde lag, soll nach mehreren Zeugnissen ein eigenes Erlebnis des Dichters darstellen. Es ist die siebente Novelle des achten Tages: Ein Student wird von einer Witwe, in die er verliebt ist, getäuscht und schmählich verhöhnt, wofür er grausame Rache an ihr nimmt.

Nun wissen wir aus Boccaccios eigenem Munde, daß er im Alter von etwas über vierzig Jahren sich einst in eine schöne Witwe verliebte. Diese stellte sich eine Zeitlang entgegenkommend, obwohl sie längst einen anderen, jüngeren Liebhaber hatte. Sie spornte den Verliebten zu einem feurigen Briefwechsel an und machte sich hinterrücks über ihn und seine Briefe mit ihrem jungen Freunde nicht wenig lustig. Das war das letzte, bittere Liebesabenteuer des Dichters.

In der erwähnten Novelle nun erzählt er von jenem Studenten, die Dame habe ihn im Winter eine ganze Nacht lang in einem windigen Hofraum im Schnee auf sich warten lassen, während sie die Türen abgeschlossen hatte und im Hause mit ihrem Liebhaber über den frierenden Anbeter nach Herzenslust lachte und ihn höhnte. Der Student aber beschloß, sich gründlich zu rächen. Er wartete den Sommer ab und fand eine Gelegenheit, die Witwe allein auf einen Turm weit vor der Stadt zu locken, angeblich um gewisse Zauberbeschwörungen mit ihr zu vollbringen. Ohne Kleider oder Lagerstatt, ohne Speise und Trank und ohne irgendeinen Schutz vor der Sonne läßt er sie alsdann eingeschlossen auf der Plattform des Turmes einen ganzen glühend heißen Tag hindurch schmachten und rösten, wobei sie nahezu der Hitze und den Mückenstichen erliegt.

Es könnte scheinen, als spreche gerade die grausame Roheit dieser unedlen Rache dafür, daß die Geschichte alt und keine Erfindung des Boccaccio sei. Und wenn dieser nach dem »Dekameron« nichts mehr geschrieben hätte, müßte man entschieden dieser Auffassung beitreten. Aber leider haben wir allen Grund anzunehmen, daß er dennoch diese widerwärtige Szene auf dem Gewissen hat und durch sie seinem ohnmächtigen Rachedurst gegen die schöne und leichtfertige Witwe Ausdruck verleihen wollte.

Denn es war Boccaccios tragikomisches Schicksal, daß er, der seine Jugend an eine leidenschaftliche Liebe verschwendet hat, der sich im »Dekameron« ausdrücklich einen glühenden Verehrer, Freund und Diener der Frauen nennt und dessen frühere Dichtungen kaum einen anderen Gegenstand als den der Frauenliebe kennen – daß dieser selbe Dichter auf seine älteren Tage noch ein schonungslos gehässiger Frauenverächter werden mußte. Eine vereinzelte, frühe Äußerung dieser Verachtung finden wir in jener Novelle.

Jenes ernüchternde Erlebnis mit der Witwe scheint ihm den entscheidenden Stoß versetzt zu haben. Und bald darauf schrieb er, der Verfasser so vieler Liebesgedichte und Liebesnovellen, seinen schrecklichen »Corbaccio«, eines der bösesten und niederträchtigsten Bücher, die jemals über und gegen die Weiber geschrieben wurden. Es wimmelt von den maßlosesten und unflätigsten Beschimpfungen. Es gibt uns mit seinem niedrigen und widerwärtig keifenden Ton aber auch das Recht, des Autors spätere Mißbilligung seines Meisterwerkes zu verlachen und den jüngeren Boccaccio gegen den alten in Schutz zu nehmen.

Was nach dieser schlimmen Wandlung etwa noch fehlte, um den Dichter sein »Dekameron« verleugnen und bereuen zu lassen, das vollbrachte im Jahre 1361, etwa fünf Jahre nach der Vollendung des »Corbaccio«, der Kartäusermönch Ciani. Hatte Boccaccio seine frühere Frauenverehrung bereut und seine Hymnen auf die Frauen widerrufen, so war er doch immer noch der böse Spötter über Priester und Mönche. Aber da erschien anno 1361 in seinem Haus jener Mönch Giovachino Ciani, und es gelang ihm – vermutlich wider eigenes Erwarten –, den schlauen, findigen, durchtriebenen Schalk und Mönchsfeind mit einem recht groben, auf einer durchsichtigen Bauernfängerei beruhenden, gewaltsamen Bekehrungsversuch übers Ohr zu hauen. Boccaccio erschrak und glaubte sein Ende nahe, er kroch zu Kreuz und legte damit sein letztes und schwerstes Laster endgültig ab.

Das alles ist zum Glück nun schon über fünfhundert Jahre her. Der »Corbaccio« ist verschollen, der Mönch Ciani ist vergessen, das Bild des alternden Boccaccio ist verblaßt und ferngerückt. Das »Dekameron« aber und sein Verfasser, Vir Juvenis Boccatius Certaldensis, sind heute noch so jung und blühend und lebendig wie dazumal, und das köstliche Buch macht heute noch unzähligen Jungen und Alten nicht weniger Vergnügen wie einst den Florentinern des Trecento.

[Erstfassung in »Frankfurter Zeitung« vom 28. 5. 1904]

Anemonen bei Fiesole

Über Fiesole leuchtete ein Aprilmittag, sonnig heiß, mit blankbefiederter Bläue. Veilchenmädchen lärmten in den Gassen, farbig gekleidete Fremde trieben sich im römischen Theater herum. In dem warmen, steilen Sträßchen, das von der Piazza zum Kloster führt, saßen Strohflechterinnen und arbeiteten im Freien. An der Aussichtsbank war allerlei Leben. Kinder – viele blonde darunter – lagen und spielten im Gras, jeden Augenblick bereit, aufzuspringen, wehmütige Gesichter zu machen und zu betteln. Ein paar Hausierweiber mit Strohwaren standen erwartungsvoll dabei, und hart an der Mauer hatte ein hübscher Bursche sein Fernrohr aufgestellt, durch welches man für zwei Soldi jedes Haus von Florenz bis zur Torre del gallo sehen kann. Die schöne Zwillingszypresse umströmte leis ein wohlig warmer Wind.

Vom Kloster herab kam ein junger Deutscher gegangen. Alles an ihm war Freude und Begeisterung, sein Gang wiegte sich freudig, seine Augen glänzten, seine Arme waren in erregter Bewegung. Es ist nicht anders, wenn ein junger Nordländer zum erstenmal Fiesole im Frühling sieht. Ihr könnt ihm ansehen, daß er an Lorenzo den Prächtigen, an Jakob Burckhardt und an Böcklin und zugleich mit halbem Mitleid an die ferne Heimat denkt. Nun betritt er mit beiden Füßen das Land, von dem er seit Knabenzeiten gehört und geschwärmt hat! Nun liegt zu seinen Füßen Florenz, und rings umdrängen ihn Hügel, Villen, Gärten mit ihrer großen Geschichte und ihrer großen Schönheit.

Er fühlt, daß er noch nicht in die Stadt zurückkehren und heute überhaupt nicht arbeiten darf. So ein Tag ist einzig zum Wandern da. Also schlendert er durch Fiesole, kauft Orangen und schlägt den Höhenweg nach Settignano ein.

Es lohnt sich wohl, im Frühjahr diesen Weg zu gehen. Die Stadt verschwindet, man sieht bald weder Häuser noch Menschen mehr, nur bunte Nähen, ergrünende Felder, satte Wiesen und ernste schöne Bergzüge, dazwischen einsam und grau das sonderbare Schloß Vincigliata in seinem dürren jungen Nadelwald. Dem Wanderer war in der Seele wohl; jeder blühende Baum erfreute ihn, und jede am Hügelkamm auftauchende Zypresse entzückte ihn durch ihr energisches Emporlodern. Das Schönste aber sah er zuletzt.

Das waren die Anemonen. Sie sind freilich nichts eigentlich Toskanisches, man findet sie überall, aber sie gedeihen hier besonders üppig und sind schöner als der ganze üppige Frühling zusammen. Sie sind blau, rot, weiß, gelb, lila und violett. Sie haben große runde Blüten und bedecken ganze Fluren. Man darf wirklich von ihnen sagen: sie lachen. »Sieh, es lacht die Au!« Sie schauen so staunend, offen und selig in die Welt wie Kinder. Sie machen die Wiesen zu frohen, buntgewirkten Teppichen – man sieht sie auf zahllosen toskanischen Bildern des Quattrocento, und sie erhöhen deren süßen kindlichen Liebreiz.

[1901]

Toskanischer Frühling

Nun kommt die Zeit der großen Anemonen,
Mit denen alle Raine sich bekränzen;
In warmen Gärten reifen die Limonen,
Die Mauern dampfen und die Hügel glänzen.

Schon such' ich wieder die Zypressenschatten
Und dehne träg im Grase meine Glieder
Und labe mich im lauen Duft der Matten
Und summe meine deutschen Frühlingslieder.

Ermüdet streift mein Blick die weißen Villen,
Die heißen Straßen und die gelben Felder;
Mein Herz ist nicht dabei – es denkt im Stillen
An Lindenduft und deutsche Buchenwälder.

Fiesole

Während des Monats, den ich in Florenz zubrachte, besuchte ich die Höhe von Fiesole wohl ein dutzendmal. Ich war dort in kühlen Morgenstunden, am heißen Mittag, an klaren blauen Frühlingsabenden. Ich erstieg die steile Via vecchia im Staube heißer Sonnentage und fuhr, im Mantel fröstelnd, an grauen Regentagen mit der Trambahn hinauf, und jedesmal fand ich nicht nur Ruhe, reine Luft und feiertägliche Stimmung, sondern jedesmal auch irgendeinen neuen Reiz der Landschaft, der Gassen, des Klosters, so daß mir für die anstrengenden Florentiner Studienwochen der stille Bergort eine liebe Zuflucht und eine Quelle der Erfrischung und Lebensfreude wurde.

Um so rasch als möglich dem Staub der Vorstadtstraßen zu entrinnen, fuhr ich gewöhnlich bis Domenico. Von da benützte ich mit Vorliebe die steile gepflasterte Via vecchia, die an der Villa Medici vorüber rasch zur Kathedrale hinaufführt. Von hier aus ersteigt man die Klosterhöhe in wenigen Minuten.

Von den römischen Ruinen bis zur Villa Böcklins hat Fiesole aus verschiedenen Zeitaltern Anziehendes und Interessantes, das Beste aber ist seine köstliche Lage auf und an zwei stattlichen, von Obstgärten und Landhäusern bedeckten Höhen über Florenz. Der Blick auf die große freundliche Stadt und das grüne Arnotal ist von sanfter, ruhiger Schönheit, wird aber übertroffen durch die jenseitige Aussicht in die Berge, die man am besten vom Settignaneser Weg oder vom römischen

Theater aus genießt. Wer aus dem bewegten Stadt- und Fremdengetriebe von Florenz auf diese Höhe flüchtet, dessen Geist und Auge ruht an den Linien der grünen Berge und auf den Zypressengruppen der Gärten gerne und befriedigt aus. Von hier aus führt auch ein etwas heißer, schöner, wenig begangener Weg in das träumerisch öde, totenstille Tal von San Clemente hinüber, wo man stundenlang auf der Heide liegen kann, ohne einen menschlichen Laut zu hören.

Der schönste Platz von Fiesole ist unstreitig die Klosterhöhe. Dort verträumte ich manchen warmen Spätnachmittag im Geplauder mit den Strohflechterinnen, Bettlern und Kindern, auf der breiten Mauer liegend. Dort steht ein prachtvoller Zypressenzwilling, zwei Stämme aus einer Wurzel, dessen reicher, schwanker Doppelgipfel schwarz und scharf gegen den Himmel steht. Zu Füßen hat man Weinberge und Olivengärten, die sich in steiler hellgrüner Flucht gegen die Badia hinab senken. Dahinter liegt die Stadt Florenz, vom riesigen, zartfarbig schimmernden Dom mit dem herrlichen Glockenturm überragt und beherrscht, hinter welchem wieder der schlanke hohe Turm des Palazzo vecchio sichtbar wird. Dieser Turm mit der kecken Anschwellung des Kranzes ist das eigentliche Wahrzeichen der Stadt, in deren Kunst und Kultur die schlanke, männlich strenge Form und eine gewisse herbe Gesundheit und Klarheit vorherrscht. Weiterhin findet das Auge da und dort bekannte und verehrte Stellen: das spitze, schmale Türmchen der Badia, die Kuppel von San Lorenzo und die ganze Reihe der Kirchen. Jenseits der Stadt liegt hell und winzig San Miniato auf der Höhe, fast von den hohen Zypressen des Hügelweges verdeckt. An die Stadt schließt sich der schöne, langgestreckte Park der Lascinen und abwärts ein anmutiges Stück des Arnotals, weit hinaus vom blanken Lauf des Flusses durchglänzt. – Das Schönste, was man von dort oben sehen kann, ist der Sonnenuntergang an einem klaren Abend. Fünfmal genoß ich diesen unvergeßlichen Anblick, doch ist einer dieser Abende mir besonders treu und schön im Gedächtnis geblieben. Es war gegen Ende April, der Abend eines heißen, leuchtenden Tages. Ein Fest in den Lascinen hatte Städter und Fremde angezogen, so daß hier auf der Höhe nur vereinzelte Spaziergänger sich zeigten. Ich saß auf der steinernen Ruhebank, von einem ganzen Hofstaat von Bettlern und Kindern umgeben, die mich von öfteren Besuchen her kannten und deren harmlose Gegenwart und Unterhaltung mir immer lieb war. Ein achtjähriges Mädchen hatte sich auf meinen Schoß gesetzt. Sie war das Enkelkind eines alten mürrischen Bettlers, ein behendes, schön gewachsenes Kind mit wundervoll reichem Blondhaar, wie denn überhaupt in der toskanischen Landschaft die Menge schöner Kinder dem Fremden auffällt. Die Kleine wollte Karamellen von mir haben, die ich ihr Tags zuvor versprochen hatte, und schmollte eine Weile ernstlich, daß ich sie vergessen hatte. Dann gab sie sich damit zufrieden, einige Orangen mit mir zu teilen. Wir zerlegten jede in sechs Schnitze, von denen abwechselnd einer mir und einer meiner Freundin zufiel. Es war entzückend, in das helle, doch ernste Kindergesicht zu sehen, während ich die süße Speise in das offen wartende Mündlein steckte. Während des Essens erzählte sie mir vielerlei, den Tod zweier Katzenjungen, die Wäsche im Haus der Tante und anderes Wichtige. Dazu blickte sie mich aus den großen schönen Augen an wie aus einer bodenlosen Tiefe von Zufriedenheit und namenlosem Glück. Die Tante, eine Korb- und Fächerverkäuferin, war mit ihrem Strohwarenbündel ebenfalls da.

Die Sonne stand niedrig über den jenseitigen, graugrünen Hügeln und nahm, während sie sich deren Rande langsam näherte, an Größe und Röte stetig zu. Das schwer goldene, warme Licht flutete durch den klaren Raum herüber und ruhte weich verklärend auf den weißen Villen, auf den Zypressenreihen, auf der Fläche der Mauer, auf dem blonden Kinderhaupt, auf unsern Händen und Gesichtern. Ich hieß die Kleine schweigen, bis die Sonne gesunken wäre, auch die andern wandten sich dem leuchtenden Anblick zu, und so standen und saßen wir alle der wachsenden Röte zugewendet, die uns mit Glanz und Feierabendfrieden übergoldete. Die Sonne berührte nun den Hügelrand, der sogleich zu beiden Seiten mit wundervoll klarem Kontrast auftauchte. Noch ein Atemzug und noch einer, und der letzte flammende Teil der roten Scheibe war versunken.

In diesem Augenblick verwandelte sich die Farbe der Hügel plötzlich in ein reines Blau, das ich so tief, satt und hinreißend bis dahin nur auf den Hintergründen Tizianischer Bilder gesehen hatte. Zugleich erfüllte ein rosiger Duft das ganze Tal und tauchte die Stadt in eine rötliche Dämmerflut. Das Blau der Hügel wandelte sich langsam in ein weiches Violett, das gegen den golden roten Himmel eine intensive, prachtvolle Leuchtkraft zeigte und fast eine halbe Stunde anhielt. Die Kleine ging mit der Tante zum Abendessen, der alte Bettler erhielt einen Soldo und ging weg, die Kinder auch, und ich saß noch lange allein oben, an dem Anblick der dämmernden Farbenübergänge ganz verloren. Ein schwacher Wind erhob sich und erklang leise mit langen ungleichen Pausen in der Doppelzypresse. Die Stadt versank in Dämmerung, nur der Glockenturm des Giotto und die Kuppel des Brunelleschi schimmerten noch matt hervor. Und während ich nach San Domenico hinabstieg, nahm der wolkenlose Himmel das tiefe, rätselhaft leuchtende Blau der italienischen Nächte an.

[1901]

Im Norden

Soll ich sagen, was ich träume?
An beglänzten, sonnenstillen
Hügeln: Haine dunkler Bäume,
Gelbe Felsen, weiße Villen.

Eine Stadt im Tal gelegen,
Eine Stadt mit marmorweißen
Kirchen leuchtet mir entgegen,
Und sie ist Florenz geheißen.

Und in einem alten Garten,
Eingehegt von schmalen Gassen,
Muß das Glück noch auf mich warten,
Das ich dort zurückgelassen.

Initialen

Nächst den Träumereien sonnig stiller Frühlingsnachmittage, an denen ich auf warmen Bänken oder im hohen Grase lag und mich ganz dem Zauber der Sonnenwärme und des Blumenduftes hingab – nächst diesen Träumereien und nächst dem Geplauder mit den kleinen, barfüßigen toskanischen Bauernmädchen fand ich in Italien vielleicht nirgends so viel Selbstvergessen und so viel reines vollbefriedigtes Hingegebensein wie in den Kapitelsälen, Bibliotheken, Sakristeien und Schatzkammern der Klöster und Kirchen, wo ich, in staubigen Schränken oder auf alten Lesepulten ruhend, Sammlungen alter Mönchsmalereien fand.

Die Arbeit eines klösterlichen Miniaturmalers muß etwas unsäglich Befriedigendes gehabt haben; man spürt es diesen bunten, frischen, fleißig ausgeführten Bildchen und Ornamenten so deutlich an, daß sie mit unversieglicher Treue und Laune und mit einer beglückenden Liebe zur Sache gemalt wurden. Im Gebiet der bildenden Künste kenne ich kaum etwas, was auf den Beschauer so heimatlich anziehend, so tröstlich, reinigend und erfreuend wirkt, wie diese in satten Farben und unverblichenem Golde leuchtenden kleinen Produkte einer fleißigen und soliden Kunstarbeit. Außerdem verbinden sie die kräftigen Effekte des rein Dekorativen apart und lustig mit der freien erzählerischen Phantasie der Griffelkunst; sie wirken durch ganze Bände, ja durch ganze Bibliotheken hindurch gleichmäßig und einheitlich schmückend, und dennoch sind sie zumeist von verblüffend lebendiger, individueller Laune und Erfindung überquellend voll. Sehr schöne Initialen fielen mir in der Certosa di Pavia, im Museum von San Marco und der Sakristei von Santa Croce in Florenz und in der Certosa di Val d'Ema auf. In Santa Croce stach mir, als ich eben im Begriff war, die flüchtig betrachtete Sakristei wieder zu verlassen, beim Vorübergehen in einem der Schränke plötzlich etwas aufleuchtend Farbiges ins Auge. Ich trat näher und fand einige Pergamentblätter mit gemalten Initialen aufgeschlagen daliegen. Sie hatten eine Wand voll prunkhaft goldgestickter Priesterornate zum würdigen Hintergrund. Da war namentlich ein riesiges lateinisches P, der Anfangsbuchstabe einer Liturgie, das mich fesselte.

Der Buchstabe hebt sich in schönem Umriß blau mit rot und grünem Blätterornament vom goldenen Grunde ab, das Gold selbst ist nur durch eine schmale schwarze Leiste eingefaßt, und diese Leiste ist wieder von einem in Orangegelb ausgeführten Ornament durchflochten. In die fast kreisförmige Rundung des P ist der Drachensieg des heiligen Georg gemalt. Der ganze Horizont wird hier auffallenderweise durch ein fleißig gearbeitetes Stadtbild mit Mauer, Giebeln und zwei Toren gefüllt, während sonst die Miniaturisten für solche Darstellungen ungern auf die kräftig dekorative Folie eines leuchtend tiefblauen Himmels verzichten. Den Mittelgrund des Bildchens füllen einige graue, mit einzelnen Pflanzen bestandene Hügel, die schroff gegen eine dunkelgrüne, prachtvolle Wiesenfläche des Vordergrundes abfallen, auf welchem Ritter, Jungfrau und Drache in lebhafter Zeichnung und starken Farben hervortreten. Hier ist nun jedes Detail mit liebevollster Sorgfalt ausgeführt. Der Heilige reitet ein fahl lilafarbenes Roß, das mit blauen Strängen gezäumt und rot mit gelbem Riemenwerk gesattelt ist. Der zierlich geschweifte Sattel ist mit weißen, sternförmig geordneten Punkten umsäumt. Der Drache, dem der Spieß des Reiters eben den Rachen durchbohrt hat, blickt grimmig und mit verdrehtem Halse zu seinem Feind empor, während sein starker Schweif ein Hinterbein des Rosses krampfhaft umringelt. Das Pferd setzt, um sich zu befreien, den zweiten Hinterhuf auf den Drachenleib, während es vorn vor dem qualvoll grinsenden Drachenhaupt sich bäumt.

Der Ritter glänzt in kobaltblauem Reitrock, stark flatterndem rotem, lila gefüttertem Mantel, kurzer gelber Hose und roten Ritterschuhen mit blauen Sporen. Seine Linke hält den weißen Schild mit rotem Kreuz, seine Rechte die siegreiche Lanze. Das jugendlich milde Gesicht umrahmt der keimende blonde Bart. Etwas zur Seite steht die Jungfrau, zarte weiße Hände betend zusammengelegt, in rotem Kleide und blauem Oberkleid mit blaßroten Ärmeln und goldstoffenem Gürtel. Lange blonde Haare umrahmen das fromme stille Gesicht.

Das Schönste am Ganzen aber ist eigentlich die Wiese des Vordergrundes, satt dunkelgrün, von blauen und orangefarbenen Blumen durchglänzt. Mehr noch als das Gesicht und die gefalteten Hände der Jungfrau ist dieses grüne Feld vom Zauber der Weltferne und des harmonisch friedlichen Daseins erfüllt; ein Hauch von Wärme und Sommer liegt darüber, der etwas Besänftigendes und auch Heimwehweckendes hat.

In der Certosa di Val d’Ema fragte ich den greisen

Mönch, der mich führte, warum seit so langer Zeit in seinem Kloster keine solchen Sachen mehr gemalt würden. Er lächelte gutmütig, wies mit der Hand auf die offen daliegenden Pergamentblätter und sagte: »Unsere Gäste haben danach noch nie gefragt. Was nicht fünf Jahrhunderte alt ist, interessiert sie nicht.«

Und nach einer Pause fügte er, während er die Bibliotheküre verschloß, hinzu: »Sie verachten uns! Sie verachten uns ebenso wie sie unsere Vorgänger bewundern.«

»Sie verachten vielleicht in euch ihre eigene Zeit und vielleicht sich selber«, sagte ich zum Abschied.

»Wer kann das wissen?« lächelte er und führte mich die breite sonnige Treppe zum Hof hinab.

[1901]

Lorenzos Lied

Erzählen soll ich dir? Von Welschland?
– Heute nicht!
Heut bin ich müd. Und wie ein stürmischer Reihn
Von lieben, lang beklagten Schatten bricht
Erinnerung und Sehnsucht auf mich ein.

Florenz steigt wohlbekannt vor mir herauf:
Der kühne Turm, der helle hohe Dom,
Der Hügel Flucht und mit gewundenem Lauf
Durch Tal und Gärten der geliebte Strom.
Dort hört ich einen Vers zum erstenmal,
Den ich nicht mehr vergaß. Die laue Nacht
Lag feucht und träumerisch im breiten Tal,
Der halbe Mond hielt hinter Wolken Wacht.
An mich gelehnt mit schmaler Schulter saß
Ein schönes blondes Mädchen, seine Hand
Hielt der Gitarre schlanken Hals umspannt,
Sein breiter Hut lag neben uns im Gras.

»Das ist ein Lied«, sprach sie, »aus alter Zeit,
Der Jugend und dem Liebesgott geweiht,
Der flüchtigen Lust, dem wandelbaren Lenz,
Von Haus zu Haus sang man es in Florenz.
Du kennst Lorenzo Medici? Er schrieb
Die süßen Zeilen irgendeinem Lieb;
Hier sind sie, horch!«
– Ein Wolkenschatten lief
Eilig talabwärts, eine Drossel rief,

Der feuchte Nachtwind strich den Strom entlang,
Turm, Stadt und Garten schlief. Sie aber sang:

Quant' è bella giovinezza,
Ma si fugge tuttavia;
Chi vuol' esser lieto, sia!
Di doman non c'è certezza.

Der Mönch

Ich hatte wieder einmal die Certosa di Val d'Ema besucht, das große Kloster mit den wenigen alten Mönchen nahe bei Florenz. Der führende Frate erkannte mich, aber er zeigte es nur durch ein stilles Lächeln.

Ich bat ihn, mich zu den Gräbern der Acciaioli zu führen. Und wir stiegen in die kühle Unterkirche hinab, wo ich meine Sehnsucht nach dem Anblick des schönen jungen Lorenzo stillte, der so sanft und eigen die steinernen Finger aneinanderlegt.

Dann begann ich mit dem Mönche zu reden.

»Ein trauriger Aufenthalt hier unten!« sagte ich.

Oh, es ist sehr kühl hier, antwortete er.

»Was ist Eure Beschäftigung?«

Ich pflege das Obst und führe die Fremden.

»Und Ihr seid zufrieden?«

Sollte ich es nicht sein?

»Habt Ihr niemals traurige Stunden?«

Nein, Herr. Wie sollte ich?

»Nun, ich denke, in müßigen Zeiten –«

Es sind stets Fremde zu führen. Auch pflege ich das Obst.

»Ihr wollt es nur nicht sagen. Oder seid Ihr wirklich immer zufrieden?«

Sollte ich es nicht sein? Wir lügen nicht, wir Brüder.

Wir gingen zurück, und ich gab ihm ein Geldstück.

Wollen Sie nicht die Kreuzgänge sehen? fragte er.

»Ich danke Euch, nein. Lebet wohl!«

Er lächelte merkwürdig. Er hatte doch gelogen.

[1902]

Certosa di Val d'Ema

Der Mönch an seiner Pforte tut mir leid:
Er sah mir nach, wie ich am hohen Stab
Mich schwang den abendlichen Berg hinab,
Und seine Blicke redeten von Neid.

Und ich betrachtete sein keusches Kleid
Und lauschte seiner Glocke sanftem Lied.
– Er weiß nicht, daß von seiner Pforte schied
Der fremde Wanderer mit stillem Neid.

Prato ist ein famoses Städtchen

Aus dem Reisetagebuch

20. 4. 1901

Um 12 Uhr ließ mir das herrliche Wetter keine Ruhe mehr, ich verließ die [Gemälde-]Galerie und fuhr nach Prato. Fahrt durch lauter Wiesen, Sonne und Frühling. Prato ist ein famoses Städtchen, alt, solid, eine echte toskanische Landstadt, mit viel alten, engen Gäßchen, wie sie in Altflorenz sind. Ich aß äußerst reichlich zu Mittag, mit Wein für 1 Lira. Der Wirt sprach viel mit mir über deutsche und hiesige Weine etc. und gab mir zum Schluß gratis ein Glas süßen Weißen (Aleatico) zu trinken, da ich an der Güte der toskanischen Weißweine gezweifelt hatte.

Kirche Santa Madonna delle Carceri interessant, doch nicht schön.

Die Menschen hier sind behaglich, neugierig, unterhaltend und gutmütig. Ich trieb mich den ganzen Nachmittag auf den Straßen und Plätzen herum, plauderte mit Weibern und Kindern, guckte in reizende Gärten und alte Höfe hinein und fand das echteste italienische Leben, das ich bis jetzt sah. Der Gegensatz dieses zufrieden behaglichen Landstädtchens zum gestern gesehenen lärmigen Livorno ist enorm.

Der schlichte kleine Dom ist hübsch; die prachtvolle Erkerkanzel macht einen ganz aparten Eindruck, zugleich großartig und heimelig. Im Chor des Domes Fresken von Fra Filippo, zum Teil leidlich erhalten und schön, besonders der Tanz der Herodias, sie selbst eine herrliche Figur. Das Dominnere ist von schlichter Schönheit, drei gewölbte Schiffe, schöne Kanzel. Bei San Niccolò plauderte ich am Fenster mit einer schönen schwarzen Frau und einigen Nachbarn. An Kirchen ist auch in Prato kein Mangel: ich sah, ohne zu suchen, sieben. Auf einer Piazza waren Ballspieler, davon einer ein wahrer Künstler; ich sah lange zu und nahm ein wenig teil. Von den Kirchen sind manche mit dem grünen Marmor von Prato hübsch bekleidet. San Francesco hat hübschen Kreuzgang mit einer bemalten Kapelle, aus der man durch die Sakristei wieder in die Kirche kommt.

Tagebuchnotiz aus Pistoia

22. 4. 1901

Zehn Uhr früh Abfahrt nach Pistoia. Dort zuerst Besuch von San Giovanni Fuoricivitas, alte, äußerst interessante Kirche. Dann zum Domplatz, wo mehrere wichtige alte Gebäude beisammenliegen. In einer Seitenkapelle des Domes Lorenzo di Credis wundervolle Madonna mit zwei Heiligen, ein Bild von höchster Anmut, in dem auch das schmückende Beiwerk (Loggia, Thron und Teppich) vollendet gemacht ist. Das bauliche Innere des hübschen Domes enttäuscht, da stark verunstaltet. In der ganzen Stadt spürt man durchgehend den beherrschenden Einfluß der Pisaner Kunst. In der Vorhalle des Domes einige gute della Robbia. Der Hof des Palazzo Pretorio ist famos, wuchtig und doch nicht plump, schwere, bunt mit Wappen bemalte Gewölbe. Ebenso Treppe und Hof des Palazzo del Comune, mit guten geschmiedeten Laternen und schönen gotischen Fenstern. Links neben der Treppe des II. Stocks ist ein Restchen Fresko erhalten, ein gut gemalter Engel. In dieser Weise findet sich verschollen und verkleistert hier vielerlei Hübsches. Von flotter farbiger Wirkung ist der große lebhafte Tonfries von Andrea della Robbia am Ospedale Del Ceppo. Ich besah die Menge alter Kirchen meist nur von außen, betrachtete aber doch das uralte San Andrea mit der prachtvollen Kanzel innen genauer – in dieser Kirche ergriff mich der Zauber der alten Kunst mehr als je sonst. Pistoia ist ein stilles Städtchen, scheint wohlhabend, in schöner, bergiger, fruchtbarer Gegend.

Siena mit seinem schwarz-weißen Banner

Siena mit seinem schwarz-weißen Banner und schwarz-weißen Dom, mit seiner höchst eigentümlich-schönen Lage und Aussicht wird für die Liebhaber der kleineren italienischen Städte immer ein Kleinod bleiben. Von der modernen Geschichte kaum berührt, hat es sich wunderbar wohl erhalten und ist reich genug an Schätzen der Kunst und der Erinnerung, um auch lange Aufenthalte zu belohnen. Nun gibt es nichts Schöneres, als bei einem solchen Aufenthalt sich ein wenig um die Geschichte der Stadt zu kümmern, in Chroniken zu stöbern und dem Anekdotischen der alten Zeit nachzugehen ... Der Reichtum an alten Quellen macht diese italienischen Stadtgeschichten des spätern Mittelalters und der Frührenaissance zu merkwürdigen und ergötzlichen Fundgruben im Anekdotischen und Sittengeschichtlichen.

[1914]

Der lustige Florentiner

Nicht weit vom Palazzo Pitti hatte ich eine jener seltenen kleinen Weinstuben entdeckt, die noch den einfachen, aber behaglichen alten Florentiner Typus haben und in denen der Chianti reiner, besser gekellert und billiger ist als in den modernen Osterien. Es war ein schmaler, niedriger Raum im Erdgeschoß, der von Möbeln nichts enthielt als die üblichen Marmortrinktische und zwei Dutzend dreibeinige Holzstühle. Dennoch sah die Stube durchaus nicht leer und nüchtern aus, denn unter der Decke liefen die ganzen Wände entlang zwei tiefe Regale, in denen eine Menge von Fiaschi, Bottiglien, Bottiglietten sowie Würste, Schinken, Körbchen mit Früchten dekorativ und verlockend ins Auge fielen. Die eine Ecke des Raumes war für leere Flaschen reserviert, die in großer Anzahl, teilweise zerbrochen, herumlagen. An der weißgetünchten Wand hing ein tüchtiger Kupferstich, die Badia vorstellend, neben einem lithographierten Porträt des unvermeidlichen Vittorio Emanuele.

Eines Abends brachte ich zwei Bekannte mit in diese Kneipe, einen Dresdener Maler und einen Heidelberger Studenten, der sich ein unmögliches Thema zu seiner kunstgeschichtlichen Dissertation ausgesucht hatte und nun schon seit zwei Monaten in der Toskana bummeln ging, ohne die Belege für seine hinterm Ofen ersonnenen Kombinationen finden zu können. Wir ließen uns einen Fiasko Chianti geben und aßen unsere bescheidenen Salamibrötchen dazu, unser gewöhnliches Abendessen. Nur der Maler, der ein erkleckliches Reisestipendium genoß, leistete sich außerdem ein Gericht *Vermicelli al sugo*. Bei dem ausgezeichneten Wein entspannen sich bald die jugendlichen Gespräche, die seit Jahrzehnten in jedem italienischen Wirtshause alltäglich erklingen – über die Schönheiten der Kunst, über das Elend unserer heutigen Kultur und über die absolute Notwendigkeit, neue Lebensformen im Sinne einer künstlerischen Renaissance zu schaffen. Es wird bei solchen und ähnlichen Gesprächen von jungen Deutschen manche Nacht in Italien verbracht und mancher Fiasko Wein geleert; die klugen und genügsamen Italiener aber sitzen daneben und sehen sich die blonden, meist brillentragenden Reformatoren aus dem Norden mit unverhohlenem Spott und stummer Überlegenheit an.

Während ich zufrieden trank und schwieg und meine Cavour rauchte, und während der Maler, der erst heftig mitgesprochen hatte, die Karikatur einer liegenden Venus auf die blanke marmorne Tischplatte strichelte, redete der Kunsthistoriker allein und eifrig drauf los, schrie uns an, als wären wir an allen Übelständen schuld, und bewies, daß die ganze moderne Kunst einen blauen Teufel wert sei. Dabei richtete er zuweilen den Blick gegen den abseits hantierenden Wirt, der dann jedesmal einen Augenblick stillstand und den Redner mit bekümmerter Miene anstarrte, als hätte er dessen Klagen verstanden.

Ich hatte unterdessen die mit Bleistift und Kohle an die Wand gezeichneten Köpfe und Scherzbilder betrachtet. Unter diesen fiel mir nun plötzlich ein brillant gezeichneter, höchst grotesker Männerkopf auf. Ich trat näher und sah ihn mir genauer an. Eine Mischung von

Stumpfsinn und Schlauheit, Gutmütigkeit und Lasterhaftigkeit lag auf den flott hingestrichenen Zügen des Kopfes, die verkniffenen Augen unter der starken Stirn konnten ebensowohl Schelmerei wie Trübsinn ausdrükken, die feste Unterlippe war von einer Holzpfeife links herabgezogen und ließ ein paar robuste Stockzähne sehen, deren auffallendes Hervorgrinsen der ganzen Zeichnung Charakter und Eigenart gab. Ich fragte den Wirt, wer das gezeichnet habe.

»Nicht wahr«, antwortete er, »ein schönes Stück! Wer es gemacht hat? Nun, der Herr Costa, Sie kennen ihn doch? Der berühmte Herr Costa.« Ich erinnerte mich, daß ein Maler dieses Namens allerdings in Florenz große Beliebtheit genoß. »Und schauen Sie, Herr«, fuhr der Wirt fort, »da hinten haben Sie die ganze Figur. Sie stellt einen meiner ältesten Gäste vor.« Die Zeichnung, vor die er mich führte, zeigte wirklich den Inhaber jenes Kopfes in ganzer Figur. Er stand auf kurzen, schinkenartigen Beinchen, in weiter Hose, in deren Taschen die Hände staken. Der Kopf war derselbe, die hölzerne Pfeife zog auch hier die Unterlippe schief, dazu trug er hier einen Hut, der mit grandioser Nonchalance auf dem mächtigen Schädel saß. Der Dresdener war zu mir getreten und lobte die lebendige, offenbar nur leicht karikierende Zeichnung; schließlich kam auch der Kunsthistoriker, dem die sonderbare Figur ein lautes Gelächter entlockte.

In diesem Augenblicke öffnete sich die Tür. Wir beachteten den Eintretenden nicht, der Wirt aber stürzte ihm entgegen und zerrte ihn am Arm zu uns her. *»Ecco, Signori, l'originale!«* rief er mehrmals, während er bald auf die Zeichnung, bald auf den Gast, den er noch immer am Arm festhielt, deutete. Wirklich erkannten wir in ihm sofort das Original des auffallenden Porträts, das uns nun der Wirt mit überschwenglicher Höflichkeit vorstellte. »Herr Ercole Aglietti, mein alter Freund – und hier deutsche Gäste, gelehrte und vornehme Herren.« Während er weiterschwatzte, schüttelten wir einander die Hände und baten den Ankömmling an unsern Tisch. Dort schenkte ich ihm ein Glas Chianti ein. Er dankte und trank langsam und kostend. »Unser Freund Wirt führt keinen schlechten Wein«, sagte er dann schmunzelnd, »aber seinen besten hat er euch nicht vorgesetzt.« Der Wirt beteuerte, ein besserer Wein als der, den wir tränken, sei in der ganzen Toskana nicht aufzutreiben. Herr Aglietti lachte, kniff die schlauen Äuglein zusammen und flüsterte dem Freund etwas ins Ohr. Darauf verschwand derselbe und kehrte mit einer staubigen Flasche zurück.

»Diesen Jahrgang, meine Herren, verkaufe ich an gewöhnlichen Tagen nicht. Sie müssen Herrn Aglietti dafür danken, daß er mich heute überredet hat, eine Flasche davon herauszugeben. Ich selbst, bei der Madonna, wage es kaum, am Feste des Täufers Giovanni ein Gläschen davon zu trinken.« (In der Folge machte er »mir zuliebe« diese Ausnahme jeden Abend.)

Unsere halbleere Flasche wurde zurückgenommen und wir ließen uns den wirklich vorzüglichen »uralten« Chianti kräftig schmecken. Dabei entlockten wir Aglietti allerlei Geständnisse. Wir erfuhren, daß er sechzig Jahre alt und von Geburt Pistoiese sei, daß er früher wie eine Nachtigall gesungen habe und daß er noch heute eine Schwäche für guten Wein und schöne Frauen habe. Er war in allem das Urbild des alten, behäbigen Toskaners, der mit einem gelegentlich recht losen Maul eine rührende Gutmütigkeit und mit einem hochmütigen Lokalpatriotismus die zutraulichste Liebenswürdigkeit gegen Fremde, die ihm schmeicheln, verbindet. Auf unsere Bitte begann er denn auch bald, aus seinem Leben zu erzählen, eine Geschichte um die andere, fließend und gewandt, wie ein Novellist von Beruf. Eine davon schrieb ich nachher auf – hier ist sie:

»Wie ihr wißt, findet jedes Jahr am Ostersamstag die große Feierlichkeit des *scoppio del carro* statt, wobei auf dem Domplatz und in allen daranstoßenden Straßen sich teils aus Florenz, teils aus Fiesole, Settignano, Prato und der ganzen Umgebung viele Tausende fromme und neugierige Zuschauer versammeln. Ich hatte die Festlichkeit Jahr für Jahr mitgemacht und ging auch diesmal beizeiten zum Dom. Ein deutscher Herr, welcher damals mein Nachbar und mir gut bekannt war, schloß sich mir an, denn er hatte den Scoppio noch nie gesehen. Da die Stufen der Domtreppe schon alle besetzt waren, überredete ich meinen Begleiter zu der kleinen Ausgabe des Eintrittsgeldes und bestieg mit ihm den Glockenturm des Giotto. Es war ein warmer Tag wie heute, darum stiegen wir bis aufs Dach, das trocken und erwärmt war, und setzten uns auf den schiefen Rand desselben, stemmten die Füße gegen die Brustwehr und hatten so einen bequemen Warteplatz. Man sieht von dieser Höhe aus die ganze Stadt, außerdem die Berge, Fiesole, San Domenico, San Miniato und die Talebene des Arno. Während wir den schönen Anblick genossen und das mitgebrachte Brot mit Limonade verzehrten, erzählte mir der junge Herr eine Liebesangelegenheit, in welcher er mich um Rat und Beistand bat. In Prato drüben hatte er mehrmals ein sehr schönes Mädchen gesehen, hatte auch ihre Wohnung erfragt und ein paar Worte mit ihr gesprochen. Seither hatte er vergeblich sich ihr zu nähern versucht. Ich merkte bald, daß er nicht daran dachte, sie zu heiraten, sondern nur sein Vergnügen im Sinne hatte. Da ich aber an solchen Affären Freude hatte und wußte, daß er dabei gern einige Fünfernoten springen lassen würde, versprach ich, ihm beizustehen.

Indessen begann unten die Prozession, und wir sahen zu, bis mit dem Schlag zwölf Uhr alle Glocken einfielen und das am heiligen Wagen reichlich angebrachte Feuerwerk mit großem Lärm und Rauch verbrannte. Vier weiße Stiere mit vergoldeten Hörnern zogen darauf den *carro* hinweg und die ungeheure Volksmenge lief auseinander. Auch wir verließen den Campanile und begaben uns in die Via del Sole, wo damals eine der besten Trattorien war. Nach Tisch beschloß ich, heute noch mir die Sache in Prato anzusehen, da vom Feste her ohne Zweifel viele Besucher dorthin zurückkehren und ich also leicht eine billige Fahrgelegenheit finden würde. So gab mir denn der verliebte Herr einiges Geld, nannte mir genau die Wohnung des Mädchens und ließ mich ziehen. Ich konnte umsonst auf einem stattlichen Wagen mitfahren und war also bald in Prato, ersparte außerdem das erhaltene Fahrgeld und befand mich daher in bester Laune. Deshalb hielt ich, in Prato angekommen, keine besondere Eile für nötig, sondern besuchte erst meinen Freund, welcher nahe beim Rathause wohnte. Ihr wißt, wie berühmt die *biscotti** von Prato sind! Nun, mein Freund fabrizierte solche *biscotti* und machte damit sein gutes Geschäft. Heute hatte er auch wegen des Feiertages die Arbeit eingestellt und freute sich sehr, einen so fröhlichen Gesellschafter zu bekommen. Wir tranken in seinem Gärtchen Kaffee, plauderten und waren guter Dinge. Bald darauf kam auch seine Braut, ein wohlgewachsenes, sauberes Mädchen, jedoch keine sehr auffallende Schönheit. Ich mußte nun Gitarre spielen, singen und Geschichten erzählen, denn darin war ich damals stark und deshalb überall nicht wenig beliebt. Es gab noch *biscotti* und viele andere gute Dinge, so daß ich vor lauter Vergnügen meinen Herrn und seinen Auftrag völlig vergaß.

Gegen Abend, da das Mädchen nach Hause zum Essen zurückkehren mußte, begleiteten wir beide sie bis zu ihrer Türe. Ihre Mutter war Witwe und führte einen kleinen Kramhandel. Zu meinem Erstaunen kam mir hier alles merkwürdig wohlbekannt vor, bis mir plötzlich einfiel, daß ich just vor dem Hause stand, welches der Deutsche mir beschrieben hatte. Das Mädchen, dem er nachstellte, war also Giulia, die Braut des Bäckers, meines Freundes. Kaum hatte ich dies wahrgenommen und ein wenig überdacht, so nahm ich diesen beiseite und erzählte ihm die ganze Sache. Und obwohl er anfangs sehr dagegen war, überredete ich ihn doch, meinen Plan zu unterstützen.

Vier Wochen lang hat es gedauert. Der Verliebte hieß mich jeden Samstag Geschenke kaufen, so daß das schöne Silber mir froh im Sack erklang. Auch schrieb er zärt-

* Backwerk

liche Briefchen und erhielt darauf freundliche, aber zögernde und vertröstende Antworten, die ich selbst verfaßte und von einer Freundin schreiben ließ. Von der ganzen Angelegenheit wußte das Mädchen in Prato kein Wort. Endlich, als mein Herr gar zu ungeduldig wurde, gestattete ich ihm einen Besuch in Prato, wobei ich dafür sorgte, daß er das Mädchen nicht zu sehen bekam. Er war wütend, und ich mußte darauf denken, ein Ende zu machen. Vielerlei Pläne überlegte ich mit dem Bäkker, bis einer uns endlich gut schien. Wir beschlossen nämlich, den Liebhaber nächstens zu einem Ständchen zu veranlassen und dafür zu sorgen, daß er dabei Prügel bekäme, dann würde er sich das ganze Unternehmen leichter aus dem Kopfe schlagen. Der Plan war leicht auszuführen. Weil der gute Deutsche weder einen Ton singen noch Gitarre spielen konnte, erbot ich mich, den Musikanten zu machen; für die Prügel wurden zwei Bekannte des Bäckers bestellt. Und so kamen wir denn eines schönen Abends in den Hof der Signora. Ich stellte mich im Schatten auf und sang so schön, daß der Herr mein Tremolo höchlich bewunderte. Ich sang zwei lange Lieder durch und wollte eben das dritte anstimmen, als die Kellertür sich öffnete und zwei Burschen mit starken Rebstöcken hervorstürzten. Ich nahm mein Instrument unter den Arm und war in derselben Sekunde verschwunden, erwartete aber auf dem Domplatze vor dem Café meinen Herrn, der nach einer Viertelstunde keuchend dahin kam. Er war elend durchgeprügelt worden, blutete an einer Hand und sah im Gesicht schneeweiß aus. Doch verbiß er seinen Schmerz und fragte mich sogar mit Teilnahme, ob ich heil davongekommen sei. Ich antwortete, daß ich zwar einige schmerzliche Hiebe auf den Rücken erhalten hätte, doch unverletzt sei und der Madonna für unsere Rettung danke, da mit den Burschen von Prato bekanntlich nicht gut Kirschen essen sei. Übrigens hörte ich nun zu meiner großen Erleichterung, daß mein braver Herr von der Liebe und dem Prügeln genug habe und in seinem Leben diese Stadt des Unglückes nicht wieder zu sehen begehre. Damit schien mir der ganze Handel erledigt, mit dem ich durchaus zufrieden sein konnte. Das Beste folgte aber noch.

Andern Tages nämlich bekam ich den Auftrag, in der Wohnung des Freundes zu erscheinen. Natürlich glaubte ich, er habe nun die Sache durchschaut, würde mich schnöde behandeln und Rechenschaft über das Geld verlangen, das er mir für die Geschenke gegeben hatte. Aber ich hatte mich getäuscht. Er klopfte mir freundlich auf die Achsel, sagte, er sei für meine gestrige Musik und für die Schläge, die mich getroffen hätten, noch in meiner Schuld und drückte mir ein ganz schönes Stück Geld in die Hand. Bei Gott, so sonderbar wie damals ist mir nie mehr zumute gewesen.

Jawohl, die Deutschen sind gute Leute, wie ich immer sage, deshalb allein, ihr Herren, habe ich euch auch heute den vorzüglichen Wein verschafft, den sonst kein Fremder je zu trinken bekommt.«

[1902]

Der Erzähler

In einem hochgelegenen Kloster im toskanischen Apennin, dessen Gast er war, saß am Fenster seiner wohnlichen Stube ein greiser geistlicher Herr. Draußen glühte die Frühsommersonne auf den Mauern, auf dem schmalen, festungsartigen Hof, den steinernen Treppen und dem steilen, gepflasterten Fahrweg, der vom grünen Tal heiß und mühsam bergan zum Kloster führte. Weiter hinaus lagen grüne, fruchtbare Täler, in deren Gärten Oliven, Mais, Obst und Reben gediehen, lichte kleine Weiler mit hellen Mauern und schlanken Türmen, dahinter die hohen, kahlen, rötlichen Berge, da und dort mit mauerumschlossenen Meierhöfen und kleinen weißen Landhäusern besetzt.

Auf dem breiten Gesimse hatte der alte Herr ein kleines Buch vor sich liegen. Es war in ein Stück Pergamentmanuskript gebunden, dessen Zinnoberinitialen kräftig leuchteten. Er hatte darin gelesen und strich nun spielend mit der weißen Hand über das Büchlein, nachdenklich lächelnd und mit leisem Kopfschütteln. Das Bändchen war nicht etwa der Klosterbibliothek entnommen, hätte dorthin auch nicht gepaßt; denn es enthielt weder Gebete noch Meditationen noch die *Vitae Patrum*, sondern eine Sammlung von Novellen. Es war ein Novellino in italienischer Sprache, erst kürzlich erschienen, und auf seinen schön gedruckten Blättern stand allerlei Feines und Grobes, zarte Ritter- und Freundschaftshistorien neben durchtriebenen Schelmenstücklein und saftigen Hahnreigeschichten.

Trotz seinem milden Aussehen und trotz seinen höheren kirchlichen Würden hatte Herr Piero keine Ursache, an diesen weltlich derben Geschichten und Schwänken Anstoß zu nehmen. Er hatte selber ein flottes Stück Welt gesehen und genossen, und er war selber ein Verfasser von zahlreichen Novellen, in denen die Heikelkeit der Stoffe mit der Delikatesse der Darstellung wetteiferte. So gut er es in jungen Jahren verstanden hatte, hübschen Frauen den Hof zu machen und verbotene Fenster zu erklimmen, so gut und bündig hatte er später gelernt, seine und fremde Abenteuer zu erzählen. Obwohl er nie ein Buch veröffentlicht hatte, kannte man ihn und seine Geschichten durch ganz Italien. Er liebte eine feinere Art der Darbietung: er ließ seine Opuscula, jedes kleine Stück für sich, zierlich abschreiben und sandte ein solches Blatt oder Heft bald dem, bald jenem von seinen Freunden zum Geschenk, stets mit einer schmeichelhaften oder witzigen Widmung versehen. Diese kostbaren Pergamente gingen zunächst an den Bischofssitzen und Höfen von Hand zu Hand, wurden nacherzählt und wieder und wieder abgeschrieben und fanden ihren Weg in stille, entlegene Kastelle, in Reisewagen und Schiffe, in Klöster und Pfarrhöfe, in Malerwerkstätten und Bauhütten.

Nun war es allerdings schon einige Jahre her, seit die letzte galante Novelle von seinem Pult ins Weite gegangen war, und es gab schon in mehreren Städten Buchdrucker, die gleich den Wölfen auf seinen Tod warteten, um dann sogleich Sammlungen der Novellen zu veranstalten. Herr Piero war alt geworden, und das Schreiben war ihm entleidet. Auch hatte mit dem Altwerden sein

Gemüt sich nach und nach von den galanten und witzigen Stoffen abgewandt und neigte zwar nicht zur Askese, aber doch zu einem tieferen, nachdenklichen Betrachten des Ganzen und Einzelnen. Ein glückliches und ausgefülltes Leben hatte bisher seinen Verstand durchaus mit Wirklichkeit gesättigt und vom Grübeln ferngehalten; nun kam gelegentlich eine Stunde, da er statt der kleinen bunten Welt des Zeitlichen die großen Räume des Ewigen ins Auge faßte und über das seltsam und unlöslich ins Unendliche verflochtene Endliche in stille Bewunderung versank. Heiter und freimütig wie sein früheres Denken waren auch diese Betrachtungen; er fühlte ohne Klagen seine Ruhezeit gekommen und den Herbst angebrochen, da die reife Frucht ihres Strebens satt wird und sich, müde werdend, der mütterlichen Erde zuneigt.

So blickte er vom Buche hinweg sinnend und genießend in die heitere Sommerlandschaft. Er sah Bauern im Felde arbeiten, angeschirrte Pferde vor halbbeladenen Wagen an den Toren der Gärten stehen, sah einen struppigen Bettler auf der langen weißen Straße wandern. Lächelnd nahm er sich vor, diesem Bettler etwas zu schenken, wenn er zum Kloster heraufkäme, und aufstehend überblickte er mit spielerischem Mitleiden die Straße mit ihrer großen Windung um Bach und Mühle herum und den steilen warmen Steinweg vor der Pforte, auf dem ein einsames Huhn träumerisch und unstet wandelte und an dessen glühenden Mauern die Eidechsen spielten. Sie liefen hastig, blieben still atmend stehen, bewegten leise und suchend die schönen Hälse und die dunklen harten Augen, sogen die von Wärme zitternde Luft mit Behagen ein und eilten plötzlich wieder, von unbekannten Entschlüssen getrieben, blitzschnell von hinnen, verschwanden in schmale Steinritzen und ließen die langen Schwänze heraushängen. Darüber wandelte den Zuschauer ein Durst an. Er verließ die Stube und schritt durch die kühlen Dormente in den verschlafenen Kreuzgang hinüber. Dienstfertig zog ihm der Bruder Gärtner den schweren Eimer aus der kalten Zisternentiefe, in der die fallenden Tropfen unsichtbar auf eine klingende Wasserfläche schlugen. Er füllte sich einen Becher, pflückte aus den wohlgehaltenen Limonenbüschen eine gelbe reife Frucht und drückte ihren Saft in sein Trinkwasser. Dann trank er in langsamen Zügen.

In seine Stube und an das Fenster zurückgekehrt, ließ er still genießende Blicke über die Täler, Gärten und Bergzüge wandern. Erlangte sein Blick ein sanft am Hange gelegenes Gehöft, so malte er sich im Geist einen sonnigen Torweg aus, unter dem Knechte mit gefüllten Körben, schwitzende Zugpferde und breitmäulige Ochsen, schreiende Kinder, eilige Hühner, freche Gänse, rosige Mägde ein und aus gingen. Kam ihm hoch auf einem Grat ein stattliches, steil emporflammendes Zypressenpaar zu Gesicht, so stellte er sich vor, er säße als ein Wanderer rastend darunter, eine Feder auf dem Hut, ein amüsantes Büchlein in der Tasche und ein Lied auf den Lippen. Wo ein Waldrand seinen gezackten Schatten auf eine lichte Wiese breitete, rastete sein Blick in der Vorstellung einer Sommergesellschaft: er sah junge Leute in den Anemonen lagern und sich die Zeit mit Plauderei und Liebesgetändel vertreiben, sah am Waldrand große flache Körbe mit kalten Speisen und Obst bereitliegen und in die kühle Walderde halb eingesenkt schmalhalsige Weinkrüge, in die man außerdem zu Hause Eisstückchen gelegt hatte.

Er war gewohnt, sich am Betrachten der sichtbaren Welt zu ergötzen, so daß ihm, wenn andere Unterhaltung mangelte, jedes Stück Land oder Welt, vom Fenster oder Reisewagen aus gesehen, zu einem Zeitvertreib wurde, wobei die mannigfaltigen Beschäftigungen und Umtriebe der Menschen ihn als überlegenen Zuschauer zum Lächeln brachten. Denn er gönnte jedem das, was einer besaß und galt, hatte auch gute Gründe zu glauben, daß vor Gottes Augen ein Kirchenfürst wenig mehr als irgendein armer Knecht oder ein Bauernkind bedeute. Und während er, seit kurzem erst der Stadt entronnen, sein Auge an der grünen Freiheit weidete, kehrte sein beweglicher Geist nach mancherlei Flügen heim in die fröhlichen Gefilde der Jugendzeit, als sähe er sie im Bilde der lichten Landschaft zu behaglicher Altersrückschau vor sich ausgebreitet. Mit Nachfreude erinnerte er sich an manchen Tag der Lust, an manche fröhliche Jagd, da er noch keine Röcke trug, an heiße rasche Ritte auf sonnigen Straßen, an Nächte voll Gesang und Geplauder und Bechergeläut, an Donna Maria die Stolze, an Marietta die Müllerin und an die Herbstabende, da er die blonde Giuglietta in Prato besuchte.

Niedersitzend behielt er den rotbraunen Kranz der hohen Berge im Blick, als verweile dort in der Ferne sichtbar noch ein Glanz und Duft von damals, als brenne dort eine lang untergegangene Sonne noch fort. Sein Gedächtnis kehrte in die Zeit zurück, da er kein Knabe mehr und doch noch kein Jüngling war. Dies allein hatte er unrettbar verloren; das war das einzige, was sich nie im Leben wiederholt hatte und was auch die Erinnerung nicht mehr völlig zu beschwören mächtig war – jenes frühlingshafte, sehnsüchtige Werdegefühl. Wie hatte er da nach Wissen gehungert, nach einer sicheren Kunde von der Welt und vom Mannesleben, vom Wesen der Frau und der Liebe! Und wie war er reich und unbewußt glücklich in jenem schmerzlich dürstenden Sehnen gewesen! Was er später sah und genoß, war schön, war süß; aber schöner und süßer und seliger war jenes phantastische Träumen und Ahnen und Sehnen gewesen.

Ein Heimweh dort hinüber beschlich den alten Herrn. Nur eine von den Stunden noch einmal zu haben, da er tastend vor dem Vorhang des Lebens und der Liebe stand, noch unwissend, was er dahinter fände und ob es zu wünschen oder zu fürchten sei! Noch einmal errötend die Gespräche der älteren Freunde zu belauschen und beim Gruß jeder Frau, von deren Liebesleben man irgend etwas wußte oder ahnte, bis ins Herz hinein zu zittern!

Piero war nicht der Mann, um Erinnerungen zu trauern und sein Wohlsein einer Jagd nach Träumen zu opfern. Mit einer plötzlichen Grimasse begann er leise die Melodie einer alten lustigen Canzone durch die Zähne zu pfeifen. Dann griff er von neuem nach dem Novellino und fand seine Freude daran, in dem farbenreichen Dichtergarten zu lustwandeln, wo es von prächtigen Kostümen glänzte, während die Becken der Springbrunnen vom Gekreisch badender Mädchen widerhallten und in den Gebüschen das Gekose verliebter Paare zu hören war. Da und dort nickte er einem guten Wortspiel erkennend und befriedigt zu, da und dort schien ihm eine Pointe gelungen, ein Kraftwort gut angebracht, ein kleiner lasziver Nebensatz geschickt und reizend durch scheinbares Verstecken ins Licht gerückt; je und je auch dachte er mit korrigierender Gebärde: das hätte ich anders gemacht. Manchen Satz las er halblaut, den Tonfall ausprobend. Heiterkeit überflog sein kluges Gesicht und entzündete kleine fröhliche Feuer in seinen Augen.

Wie es aber geschehen kann, daß ungewollt ein Teil unserer Seele, während wir dies oder jenes treiben, durch entlegene Gebiete irrt und bei Vorstellungen verweilt, die mehr als Phantasien und weniger als Erinnerungen sind, so war ein Teil seiner Gedanken, ohne daß er recht darum wußte, in jener fernen Vorfrühlingszeit seiner Jugend geblieben und flatterte unsicher um ihre ruhenden Geheimnisse, wie die Abendfalter um ein erleuchtetes und geschlossenes Fenster schwirren.

Und als nach einer Stunde das lustige Buch von neuem weggeschoben auf dem Stuhle lag, waren diese verirrten Gedanken noch nicht zurückgekehrt, und um sie heimzurufen, ging er ihnen so weit in die Ferne nach, daß es ihn gelüstete, dort nochmals eine Weile zu rasten. Mit spielender Hand ergriff er ein daliegendes Streifchen Papier, nahm vom Schreibtisch einen Kiel und begann feine Linien zu kritzeln. Eine lange schmale Frauengestalt erwuchs auf dem Papier, mit stiller Freude streichelte die weiße weiche Priesterhand liebevoll an Falten und Säumen; nur das Gesicht war und blieb eine blöde Maske, dazu reichte seine Fertigkeit nicht aus. Während er kopfschüttelnd die starren Linien des Mundes und der Augen statt lebendiger nur schwärzer und steifer werden sah, veränderte das Tageslicht sich mehr und mehr, und endlich aufblickend, sah Herr Piero die Berge rot umleuchtet. Er lehnte sich ins Fenster, sah im goldenen Staubgeflimmer der Straße Vieh und Wagen, Bauern und Weiber heimkehren, hörte in nahen Dörfern anhebendes Geläut und, als dies verklungen war, ganz fern und fein noch ein tiefes Summen tönen, aus irgendeiner entfernteren Stadt, vielleicht aus Florenz. Im Tal stand ein rosenfarbener Abendduft, und mit dem Herankommen der Dämmerung wurden die Höhen plötzlich sammetblau und der Himmel opalfarbig. Herr Piero nickte zu den dunkelnden Bergen hinüber, erwog zugleich, daß es nun Zeit zum Abendessen sei, und verfügte sich mit bequemen Schritten treppauf in das Speisezimmer des Abtes.

Sich nähernd, hörte er ungewohnte frohe Töne, die auf Gäste deuteten, und bei seinem Eintritt erhoben sich zwei Fremde aus ihren Sesseln. Der Abt stand gleichfalls auf.

»Du kommst spät, Piero«, sagte er. »Ihr Herren, da ist der Erwartete. Ich bitte dich, Piero – hier ist Herr Luigi Giustiniani aus Venedig und sein Vetter, der junge Herr Giambattista. Die Herrschaften kommen von Rom und Florenz und hätten mein Bergnest schwerlich gefunden, wenn nicht deine berühmte Gegenwart, die man ihnen in Florenz verriet, sie hergezogen hätte.«

»Wirklich?« lachte Piero. »Vielleicht ist es doch anders, und die Herren gehorchten einfach der Stimme ihres Blutes, die sie an keinem Kloster vorübergehen lassen sollte.«

»Warum denn?« fragte der Abt verwundert, und Luigi lachte.

»Herr Piero scheint allwissend«, sagte er fröhlich, »daß er uns so unvermutet mit alten Familiengeschichten bewirtet.«

Nun erzählte er dem Abt in Kürze die merkwürdige Geschichte seines Urahnen. Dieser sah sich nämlich als ganz junger, noch nicht lange eingekleideter Mönch eines Tages als der einzige männliche Träger seines Namens übriggeblieben, da der gesamte männliche Stamm der Giustiniani vor Byzanz zugrunde gegangen war. Damit die Familie nicht absterbe, entband ihn der Papst seines Gelübdes und vermählte ihn mit der Tochter des Dogen. Er bekam mit dieser drei Söhne; aber kaum waren diese erwachsen und an Frauen aus den mächtigsten Häusern verheiratet, so ging der Vater in sein Kloster zurück, wo er in strengster Buße lebte.

Piero hatte sich an seinen Ehrenplatz gesetzt und erwiderte die Artigkeiten, die den weichsprechenden Venezianern wie Öl vom Munde liefen, auf seine vornehme Weise. Er war ein wenig müde, doch ließ er davon nichts merken, und während dem Fisch das Geflügel und dem lichten herben Bologneser ein kraftvoller alter Chianti folgte, ward er zusehends lebhafter.

Als die Schüsseln abgetragen waren und neben den Bechern nur noch der Weinkrug und eine Schale mit Früchten auf dem Tische stand, war es im Zimmer beinahe schon dunkel. Durch die schmalen, schwer gemauerten Fensterbogen blaute der Nachthimmel herein, und auch als die Leuchter angezündet waren, blieb sein Schimmer noch lange sichtbar. Unter den Fenstern ward aus der Taltiefe je und je ein Sommernachtgeräusch hörbar, bald ein fernes Hundegebell, bald von der Mühle ein Gelächter, Gesang oder Lautenschlagen, bald auf der Straße der langsame Doppelschritt eines Liebespaares. In ruhigen Wogen floß die laue, nach den Feldern duftende Luft herein, kleines Nachtgeflügel mit grauen, silberstaubigen Sammetflügeln kreiste irrend um die Kerzen, an denen das Wachs zu dicken Bärten niedertropfte.

Am Tische gingen Scherzreden, Wortspiele und Anekdoten um. Das Gespräch, das mit politischen Neuigkeiten und den neuesten vatikanischen Witzen begonnen, dann eine Wendung zum Literarischen genommen hatte, blieb schließlich bei Liebesfragen und Liebeserlebnissen hängen, wobei die jungen Gäste ein Beispiel ums andere anführten, zu denen der Abt schweigend nickte, Piero aber Anmerkungen und Überblicke gab, deren Wesen ebenso sachkundig gründlich wie ihre Form präzise war. Doch legte er mehr Gewicht auf vergnügliche Abwechslung als auf strenge Konsequenz, und kaum hatte er die Behauptung gewagt, ein kundiger Mann könne auch in der dicksten Finsternis an untrüglichen Merkmalen erkennen, ob eine Frau blond oder dunkel sei, so schien er sich zu widersprechen mit dem nächsten Axiom, daß nämlich bei Weibern und in der Liebe drei gerade und hell dunkel sei.

Die Venezianer brannten darauf, ihm irgendein Histörchen zu entlocken, und wandten alle Künste an, ihn unvermerkt zum Erzählen zu verführen. Der Alte blieb aber ruhig und beschränkte sich darauf, Theorien und Sentenzen ins Gespräch zu werfen, wodurch er den Gästen spielend eine Geschichte um die andere entlockte, deren jede er belustigt dem Schatz eines unheimlich reichen Gedächtnisses einreihte. Er hörte dabei auch manchen ihm längst wohlbekannten Stoff in neuer persönlicher Verkleidung vortragen, ohne den Plagiator zu entlarven; er war alt und klug genug, um zu wissen, daß gute alte Geschichten niemals schöner und lustiger sind, als wenn ein Neuling sie selber erlebt zu haben glaubt.

Am Ende aber wurde der junge Giambattista ungeduldig. Er nahm einen Schluck von dem dunkelroten Wein, stieß den Becher auf den Tisch und wandte sich an den Alten. »Hochwürdiger Herr«, rief er, »Ihr wißt so gut wie ich, daß wir alle vor Begierde sterben, eine Erzählung aus Eurem Munde zu hören. Ihr habt uns nun verlockt, daß wir Euch mindestens schon ein Dutzend Geschichten erzählt haben, immer in der Hoffnung, Ihr würdet eine bessere auftischen, wäre es auch nur, um uns zu beschämen. Tut uns die Liebe und erfreut uns mit irgendeiner alten oder neuen Novelle!«

Piero verzehrte bedächtig einen in Wein getauchten Feigenschnitz und überlegte, während er daran schlürfte. »Ihr vergeßt, werter Herr, daß ich kein leichtsinniger Novellist mehr bin, sondern ein alter Mann, dem nur noch ein Epigramm für seinen Grabstein zu verfassen übrigbleibt.«

»Mit Verlaub«, fiel Giambattista ein, »Ihr habt noch vor Augenblicken Worte über die Liebe gesagt, auf die jeder Jüngling stolz sein dürfte.«

Auch Luigi fing an zu bitten. Piero lächelte sonderbar. Er hatte beschlossen, nachzugeben, jedoch eine Geschichte zu erzählen, von der er erwarten durfte, sie würde die jungen Männer enttäuschen. Ruhig schob er den dreiflammigen Leuchter weiter von sich, besann sich ein wenig, wartete, bis alle still wurden und ihre Becher gefüllt hatten, und begann zu sprechen.

Die Kerzen warfen eckige Schatten auf die breite Tafel, auf der einzelne braune und grüne Feigen und gelbe Limonen verstreut lagen. Durch die hohen Fensterbogen atmete, kühler werdend, die Nacht, die indes den lichten Himmel dunkel gemacht und mit Gestirnen bedeckt hatte. Die drei Zuhörenden hatten sich in die tiefen Sessel zurückgesetzt und blickten vor sich nieder auf den roten Steinboden, auf dem der Schatten des Tafeltuches sich leise wallend bewegte. In der Mühle und weit im Tal war alles verstummt, und es war so still, daß man in weiter Ferne auf der harten Straße ein müdes Pferd im Schritt gehen hörte – so langsam, daß man nicht unterscheiden konnte, ob es näherkomme oder sich entferne.

Piero erzählte:

Wir haben diesen Abend mehrmals über das Küssen gesprochen und darüber gestritten, welche Art des Kusses die beglückendste sei. Es ist die Sache der Jugend, das zu beantworten; wir alten Leute sind über das Versuchen und Erproben hinaus und können über dergleichen wichtige Dinge nur noch unsere trübgewordene Erinnerung befragen. Aus meiner bescheidenen Erinnerung will ich euch also die Geschichte zweier Küsse erzählen, von welchen mir jeder zugleich als der süßeste und bitterste in meinem Leben erschienen ist.

Als ich zwischen sechzehn und siebzehn alt war, besaß mein Vater noch ein Landhaus auf der Bologneser Seite des Apennin, in dem ich den größten Teil meiner Knabenjahre verlebt habe, vor allem jene Zeit zwischen Knabentum und Jünglingtum, die mir heute – möget ihr es verstehen oder nicht – als die schönste im ganzen Leben erscheint. Längst hätte ich jenes Haus einmal wieder aufgesucht oder es als Ruhesitz für mich erworben, wäre es nicht durch eine unerfreuliche Erbschaft an einen meiner Vettern gefallen, mit dem ich beinah schon von Kind auf mich schlecht vertrug und der übrigens eine Hauptrolle in meiner Geschichte spielt.

Es war ein schöner, nicht allzu heißer Sommer, und mein Vater bewohnte mit mir und mit ebenjenem Vetter, den er zu Gast geladen hatte, das kleine Landhaus. Meine Mutter lebte damals schon lange nicht mehr. Der Vater war noch in guten Jahren, ein wohlbeschaffener Edelmann, der uns Jungen im Reiten und Jagen, Fechten und Spielen, in *artibus vivendi et amandi* zum Vorbild diente. Er bewegte sich noch immer leicht und fast jugendlich, war schön und kräftig gewachsen und hat bald nach jener Zeit zum zweitenmal geheiratet.

Der Vetter, der Alvise hieß, war damals dreiundzwanzigjährig und, wie ich gestehen muß, ein schöner junger Mann. Nicht nur war er schlank und gut gebaut, trug schöne lange Locken und hatte ein frisches, rotwangiges Gesicht, sondern er bewegte sich auch mit Eleganz und Anmut, war ein brauchbarer Plauderer und Sänger, tanzte recht gut und genoß schon damals den Ruf eines der beneidetsten Frauengünstlinge unserer Gegend. Daß wir einander durchaus nicht leiden mochten, hatte seine guten Ursachen. Er behandelte mich hochmütig oder mit einem unleidlich ironischen Wohlwollen, und da mein Verstand über meine Jahre entwickelt war, beleidigte mich diese geringschätzige Art, mit mir umzugehen, fortwährend aufs bitterste. Auch hatte ich als ein guter Beobachter manche seiner Intrigen und Heimlichkeiten entdeckt, was natürlich wiederum ihm recht unlieb war. Einigemal versuchte er mich durch ein geheuchelt freundschaftliches Benehmen zu gewinnen, doch ging ich nicht darauf ein. Wäre ich ein klein wenig älter und klüger gewesen, so hätte ich ihn durch verdoppelte Artigkeit eingefangen und bei guter Gelegenheit zu Fall gebracht – erfolgreiche und verwöhnte Leute sind ja so leicht zu täuschen! So aber war ich zwar erwachsen genug, um ihn zu hassen, aber noch zu sehr Kind, um andere Waffen als Sprödigkeit und Trotz zu kennen, und statt ihm seine Pfeile zierlich vergiftet wieder zuzuwerfen, trieb ich sie mir durch meine machtlose Entrüstung nur selber noch tiefer ins Fleisch. Mein Vater, dem unsere gegenseitige Abneigung natürlich nicht verborgen geblieben war, lachte dazu und neckte uns damit. Er hatte den schönen und eleganten Alvise gern und ließ sich durch mein feindliches Verhalten nicht daran hindern, ihn häufig einzuladen.

So lebten wir auch jenen Sommer zusammen. Unser Landhaus lag schön am Hügel und blickte über Weinberge hinweg gegen die entfernte Ebene. Erbaut wurde es, soviel ich weiß, von einem unter der Herrschaft der Albizzi verbannten Florentiner. Ein hübscher Garten lag darum her; mein Vater hatte rund um ihn eine neue Mauer errichten lassen, und sein Wappen war auf dem

Portal in Stein ausgehauen, während über der Tür des Hauses noch immer das Wappen des ersten Besitzers hing, das aus einem brüchigen Stein gearbeitet und kaum mehr kenntlich war. Weiter gegen das Gebirge hinein gab es eine sehr gute Jagd; dort ging oder ritt ich fast alle Tage umher, sei es allein oder mit meinem Vater, der mich damals in der Falkenbeize unterrichtete.

Wie gesagt, ich war beinah noch ein Knabe. Aber doch war ich keiner mehr, sondern stand mitten in jener kurzen, sonderbaren Zeit, da zwischen der verlorenen Kindesheiterkeit und der noch unerfüllten Mannbarkeit die jungen Leute wie zwischen zwei verschlossenen Gärten auf einer heißen Straße wandeln, lüstern ohne Grund, traurig ohne Grund. Natürlich schrieb ich eine Menge Terzinen und dergleichen, war aber noch nie in etwas anderes als in poetische Traumbilder verliebt gewesen, obwohl ich vor Sehnsucht nach einer wirklichen Liebe zu sterben meinte. So lief ich in einem beständigen Fieber herum, liebte die Einsamkeit und kam mir unsäglich unglücklich vor. Es verdoppelte meine Leiden der Umstand, daß ich sie sorgfältig verborgen halten mußte. Denn weder mein Vater noch der verhaßte Alvise hätten mich, wie ich genau wußte, mit ihrem Spott verschont. Auch meine schönen Gedichte verbarg ich vorsorglicher als ein Geizhals seine Dukaten, und wenn mir die Truhe nicht mehr sicher genug erscheinen wollte, trug ich die Kapsel mit den Papieren in den Wald und vergrub sie dort, schaute aber jeden Tag nach, ob sie noch da sei.

Bei einem solchen Schatzgräbergang sah ich einst zufällig meinen Vetter am Rande des Waldes stehen. Ich schlug sogleich eine andere Richtung ein, da er mich noch nicht gesehen hatte, behielt ihn aber im Auge; denn ich hatte mir ebensosehr aus Neugierde wie aus Feindschaft angewöhnt, ihn beständig zu beobachten. Nach einiger Zeit sah ich aus den Feldern eine junge Magd, die zu unserm Haushalt gehörte, hervorkommen und sich dem wartenden Alvise nähern. Er schlang den Arm um ihre Hüfte, drückte sie an sich und verschwand so mit ihr im Wald.

Da erfaßte mich ein gewisses Fieber und zugleich ein glühender Neid gegen den älteren Vetter, den ich Früchte pflücken sah, die für mich noch zu hoch hingen. Bei der Abendmahlzeit faßte ich ihn scharf ins Auge, denn ich glaubte, man müsse es irgendwie seinen Augen oder seinen Lippen ansehen, daß er geküßt und Liebe genossen hatte. Er sah jedoch aus wie sonst und war auch ebenso heiter und gesprächig. Von da an konnte ich weder jene Magd noch Alvise ansehen, ohne einen lüsternen Schauder zu spüren, der mir ebenso wohl wie wehe tat.

Um diese Zeit – es ging gegen den Hochsommer – brachte eines Tages mein Vetter die Nachricht, wir hätten Nachbarn bekommen. Ein reicher Herr aus Bologna mit seiner schönen jungen Frau, die Alvise beide schon seit längerer Zeit kannte, hatten ihr Landhaus bezogen, das keine halbe Stunde von unserm entfernt und etwas tiefer am Berge lag.

Dieser Herr war auch mit meinem Vater bekannt, und ich glaube, er war sogar ein entfernter Verwandter meiner verstorbenen Mutter, die aus dem Hause der Pepoli stammte; doch weiß ich dies nicht gewiß. Sein Haus in

Bologna stand nahe beim Collegio di Spagna. Das Landhaus aber war ein Besitztum seiner Frau. Sie und er und auch schon ihre drei Kinder, von denen damals noch keines geboren war, sind nun alle gestorben, wie denn außer mir von allen den damals Versammelten nur noch mein Vetter Alvise am Leben ist, und auch er und ich sind jetzt Greise, ohne daß wir uns freilich deshalb lieber geworden wären.

Schon am folgenden Tage begegneten wir auf einem Ausritt jenem Bolognesen. Wir begrüßten ihn, und mein Vater forderte ihn auf, er möge ihn, samt seiner Frau, in Bälde besuchen. Der Herr schien mir nicht älter als mein Vater zu sein; doch ging es nicht an, diese beiden Männer miteinander zu vergleichen, denn mein Vater war groß und von edelstem Wuchse, jener aber klein und unschön. Er erwies meinem Vater alle Artigkeit, sagte auch zu mir einige Worte und versprach, er wolle uns am nächsten Tage besuchen, worauf mein Vater ihn sogleich aufs freundlichste zu Tische lud. Der Nachbar dankte, und wir schieden mit vielen Komplimenten und in der größten Zufriedenheit voneinander.

Tags darauf ließ mein Vater ein gutes Mahl bestellen und auch, der fremden Dame zu Ehren, einen Blumenkranz auf den Tisch legen. Wir erwarteten unsere Gäste in großer Freude und Spannung, und als sie ankamen, ging mein Vater ihnen bis unter das Tor entgegen und hob die Dame selber vom Pferd. Wir setzten uns darauf alle fröhlich zu Tisch, und ich bewunderte während der Mahlzeit Alvise noch mehr als meinen Vater. Er wußte den Fremden, zumal der Dame, so viele drollige schmeichelhafte und ergötzliche Dinge zu sagen, daß alle vergnügt wurden und das Gespräch und Gelächter keinen Augenblick stockte. Bei diesem Anlaß nahm ich mir vor, diese wertvolle Kunst auch zu lernen.

Am meisten aber beschäftigte mich der Anblick der jungen Edeldame. Sie war ausnehmend schön, groß und schlank, prächtig gekleidet, und ihre Bewegungen waren natürlich und reizend. Genau erinnere ich mich, daß sie an ihrer mir zugewendeten linken Hand drei Goldringe mit großen Steinen und am Hals ein dreifaches goldenes Kettchen mit Platten von florentinischer Arbeit trug. Als das Mahl sich zu Ende neigte und ich sie genugsam betrachtet hatte, war auch ich schon zum Sterben in sie verliebt und empfand zum erstenmal diese süße und verderbliche Leidenschaft, von der ich schon viel geträumt und gedichtet hatte, in aller Wirklichkeit.

Nach aufgehobener Tafel ruhten wir alle eine Weile aus. Alsdann begaben wir uns in den Garten, saßen daselbst im Schatten und ergötzten uns an mancherlei Gesprächen, wobei ich eine lateinische Ode hersagte und ein wenig Lob erntete. Am Abend speisten wir in der Loggia, und als es anfing dunkler zu werden, machten sich die Gäste auf den Heimweg. Ich erbot mich sogleich, sie zu begleiten; aber Alvise hatte schon sein Pferd vorführen lassen. Man verabschiedete sich, die drei Pferde setzten sich in Schritt, und ich hatte das Nachsehen.

An jenem Abend und in jener Nacht hatte ich denn zum erstenmal Gelegenheit, etwas vom Wesen der Liebe zu erfahren. So hochbeglückt ich den ganzen Tag beim Anblick der Dame gewesen war, so elend und untröstlich wurde ich von der Stunde an, da sie unser Haus wieder verlassen hatte. Mit Schmerz und Neid hörte ich nach einer Stunde den Vetter heimkehren, die Pforte verschließen und sein Schlafzimmer aufsuchen. Dann lag ich die ganze Nacht, ohne schlafen zu können, seufzend und unruhig in meinem Bett. Ich suchte mich des Aussehens der Dame genau zu erinnern, ihrer Augen, Haare und Lippen, ihrer Hände und Finger und jedes Wortes, das sie gesprochen hatte. Ich flüsterte ihren Namen Isabella mehr als hundertmal zärtlich und traurig vor mich hin, und es war ein Wunder, daß niemand am folgenden Tage mein verstörtes Aussehen bemerkte. Den ganzen Tag wußte ich nichts anderes zu tun, als mich auf Listen und Mittel zu besinnen, um die Dame wiederzusehen und womöglich irgendeine Freundlichkeit von ihr zu erlangen. Natürlich quälte ich mich vergeblich, ich hatte keine Erfahrung, und in der Liebe beginnt ein jeder, auch der Glücklichste, notwendig mit einer Niederlage.

Einen Tag später wagte ich es, zu jenem Landhaus hinüberzugehen, was ich sehr leicht heimlich tun konnte, denn es lag nahe am Wald. Am Rande des Waldes verbarg ich mich behutsam und spähte mehrere Stunden lang hinüber, ohne etwas anderes zu Gesicht zu bekommen als einen trägen, feisten Pfau, eine singende Magd und einen Flug weißer Tauben. Und nun lief ich jeden lieben Tag dorthin, hatte auch zwei- oder dreimal das Vergnügen, Donna Isabella im Garten lustwandeln oder an einem Fenster stehen zu sehen.

Allmählich wurde ich kühner und drang mehrmals bis in den Garten vor, dessen Tor fast immer geöffnet und durch hohe Gebüsche geschützt war. Unter diesen versteckte ich mich so, daß ich mehrere Wege überschauen konnte, mich auch ganz nahe bei einem kleinen Lusthäuschen befand, worin Isabella sich am Vormittag gerne aufhielt. Dort stand ich halbe Tage, ohne Hunger oder Ermattung zu fühlen, und zitterte jedesmal vor Wonne und Angst, sobald ich die schöne Frau zu sehen bekam.

Eines Tages war mir im Wald der Bolognese begegnet, und ich lief mit doppelter Freude an meinen Posten, da ich ihn nicht zu Hause wußte. Aus demselben Grunde wagte ich mich diesmal auch weiter als sonst in den Garten und verbarg mich dicht neben jenem Pavillon in einem dunklen Lorbeergebüsch. Da ich im Innern Geräusche vernahm, wußte ich, daß Isabella zugegen war. Einmal glaubte ich auch ihre Stimme zu hören, jedoch so leise, daß ich dessen nicht sicher war. Geduldig wartete ich in meinem mühseligen Hinterhalt, bis ich sie zu Gesicht bekäme, und war zugleich beständig in Furcht, ihr Gatte möchte heimkehren und mich zufällig entdecken. Das mir zugewendete Fenster des Lusthäuschens war zu meinem großen Bedauern und Ärger mit einem blauen Vorhang aus Seide verhangen, so daß ich nicht hineinsehen konnte. Dagegen beruhigte es mich ein wenig, daß ich an dieser Stelle von der Villa her nicht gesehen werden konnte.

Nachdem ich länger als eine Stunde gewartet hatte, schien es mir, als finge der blaue Vorhang an, sich zu bewegen, wie wenn jemand dahinter stände und durch die Ritze in den Garten hinauszuspähen versuchte. Ich hielt mich gut verborgen und wartete in größter Erregung, was nun geschehen würde, denn ich war keine drei Schritt von jenem Fenster entfernt. Der Schweiß lief mir über die Stirn, und mein Herz pochte so stark, daß ich fürchtete, man könne es hören.

Was sich nun begab, traf mich schlimmer als ein Pfeilschuß in mein unerfahrenes Herz. Der Vorhang flog mit einem heftigen Ruck beiseite, und blitzschnell, aber ganz leise, sprang ein Mann aus dem Fenster. Kaum hatte ich mich von meiner namenlosen Bestürzung erholt, so fiel ich schon in eine neue; denn im nächsten Augenblick erkannte ich in dem kühnen Manne meinen Feind und Vetter. Wie ein Wetterleuchten kam plötzlich das Verständnis über mich. Ich zitterte vor Wut und Eifersucht und war nahe daran, aufzuspringen und mich auf ihn zu stürzen.

Alvise hatte sich vom Boden aufgerichtet, lächelte und schaute vorsichtig um sich her. Gleich darauf trat Isabella, die den Pavillon vorn durch die Tür verlassen hatte, um die Ecke und auf ihn zu, lachte ihn an und flüsterte leise und zärtlich: »Geh nun, Alvise, geh! Addio!«

Zugleich bog sie sich ihm entgegen, er umfaßte sie und drückte seinen Mund auf den ihren. Sie küßten sich nur ein einziges Mal, aber so lang und begierig und glühend, daß mein Herz in dieser Minute wohl tausend Schläge tat. Nie hatte ich die Leidenschaft, die ich bis dahin eigentlich nur aus Versen und Erzählungen kannte, aus solcher Nähe gesehen, und der Anblick meiner Donna, deren rote Lippen dürstend und gierig am Munde meines Vetters hingen, brachte mich nahezu um den Verstand.

Dieser Kuß, meine Herrschaften, war zugleich für mich süßer und bitterer als irgendeiner, den ich selber je gegeben oder empfangen habe – einen einzigen vielleicht ausgenommen, von dem ihr sogleich auch hören sollt.

Noch am selben Tage, während meine Seele noch wie ein verwundeter Vogel zitterte, wurden wir eingeladen, morgen bei dem Bolognesen zu Gast zu sein. Ich wollte nicht mitgehen, aber mein Vater befahl es mir. So lag ich wieder eine Nacht schlaflos und in Qualen. Dann bestiegen wir die Pferde und ritten gemächlich hinüber, durch das Tor und den Garten, den ich so oft heimlich betreten hatte. Während aber mir höchst bang und elend zumute war, betrachtete Alvise das Gartenhäuschen und die Lorbeergebüsche mit einem Lächeln, das mich toll machte.

Zwar hingen bei Tisch auch diesmal meine Augen ohne Unterlaß an Donna Isabella, aber jeder Blick bereitete mir Höllenpein, denn ihr gegenüber saß der verhaßte Alvise am Tisch, und ich konnte die schöne Dame nicht mehr ansehen, ohne mir aufs deutlichste die Szene von gestern vorzustellen. Dennoch sah ich fortwährend auf ihre reizenden Lippen. Die Tafel war mit Speisen und Weinen vortrefflich besetzt, das Gespräch lief heiter und lebhaft dahin; aber mir schmeckte kein Bissen, und ich wagte an den Unterhaltungen nicht mit einem Wörtchen teilzunehmen. Der Nachmittag kam mir, während alle andern so fröhlich waren, so lang und schlimm wie eine Bußwoche vor.

Während der Abendmahlzeit meldete der Diener, es stehe ein Bote im Hof, der den Hausherrn sprechen wolle. Also entschuldigte sich dieser, versprach, bald zurückzukehren, und ging. Mein Vetter führte wieder hauptsächlich die Unterhaltung. Aber mein Vater hatte, wie ich glaube, ihn und Isabella durchschaut und machte sich das Vergnügen, sie ein wenig durch Anspielungen und sonderbare Fragen zu necken. Unter anderm fragte er die Dame scherzend: »Sagt doch, Donna, welchem von uns dreien würdet Ihr am liebsten einen Kuß geben?«

Da lachte die schöne Frau laut auf und sagte ganz eifrig: »Am liebsten diesem hübschen Knaben dort!« Sie war auch schon von ihrem Sessel aufgestanden, hatte mich an sich gezogen und gab mir einen Kuß – aber er war nicht wie jener gestrige lang und brennend, sondern leicht und kühl.

Und ich glaube, dies war der Kuß, der für mich mehr Lust und Leid als jemals irgendein anderer enthielt, den ich von einer geliebten Frau empfing.

Piero trank seinen Becher aus, stand auf und erwiderte die Höflichkeiten der Venezianer; dann ergriff er einen von den Leuchtern, nickte dem Abt gute Nacht und ging hinaus. Es war ziemlich spät geworden, und auch die beiden Fremden gingen nun sogleich zu Bett.

»Wie gefiel er dir?« fragte Luigi, als sie schon im Dunkeln lagen.

»Schade, er wird alt«, sagte Giambattista und gähnte. »Ich bin wirklich enttäuscht. Statt einer guten Novelle kramt er Kindererinnerungen aus!«

»Ja, das ist bei alten Leuten so«, erwiderte Luigi und streckte sich unterm Linnen. »Immerhin spricht er glänzend, und erstaunlich ist auch, was für ein gutes Gedächtnis er hat.«

Zur selben Zeit begab sich der alte Piero zu Bett. Er war müde geworden. Auch bereute seine Eitelkeit es jetzt, daß er nicht etwas anderes zum besten gegeben hatte, was er ja leicht hätte tun können.

Das eine aber erfreute ihn und machte ihn herzlich lächeln, daß seine Improvisatorgabe doch immer noch ungeschwächt war. Denn seine Geschichte samt Landhaus, Vetter, Magd, Donna, Lorbeergebüsch und beiden Küssen war nichts als eine Fabel gewesen, im Augenblick für den Augenblick erfunden.

[1903]

Nachwort

»Alle freiwilligen Reisen meines Lebens«, berichtet Hesse in seinem »Kurzgefaßten Lebenslauf«, »waren nach Süden gerichtet.« Denn die Temperatur seiner Geburtsstunde an einem warmen Tag im Juli sei es gewesen, die er unbewußt sein Leben lang geliebt, gesucht und, wenn sie fehlte, schmerzlich vermißt habe. Auch die Wahl seiner Wohnorte bestätigt diese klimatische Mitgift. Sie rückten im Lauf seines Lebens immer südlicher, vom Schwarzwald an den Bodensee, von dort nach Bern und schließlich über die Alpen bis an den äußersten Rand unseres Sprachgebietes, in den Schweizer Kanton Tessin, wo er die letzte Hälfte seines Lebens verbrachte. Hingegen ist Hesse während der ersten vierzig Lebensjahre, bevor er endgültig in der italienischen Schweiz ansässig wurde, viel gereist, aber verhältnismäßig selten nur und immer kurzfristiger in solche Regionen, die er einmal launig als die »Eskimoländer nördlich des Mains« bezeichnet hat, denn kein Mensch könne ihm zumuten, »lediglich um der Literatur willen, Reisen zu tun in Landstriche, wo kein Wein mehr wächst«. Um so häufiger zog es ihn nach Italien, wo er sich von 1901 bis 1914 im Verlauf von mindestens sechs verschiedenen Reisen insgesamt wohl mehr als ein halbes Jahr aufgehalten hat. Als Reisezeit wählte er stets das Frühjahr und war meist in Begleitung von ein oder zwei Freunden unterwegs, Malern oder Musikern, zu Fuß oder in Eisenbahnwaggons dritter Klasse, einerseits der finanziellen Ökonomie wegen, andererseits, um auf diese Weise soviel wie möglich zu erleben und so direkt wie möglich mit Land und Leuten, ihrer Sprache und Kultur in Berührung zu kommen. Einiges von dem, was ihm dabei auffiel, hat sich in seinen frühen Schriften, im ersten Roman *Peter Camenzind* und in zahlreichen Gedichten, Stimmungsbildern, Reisetagebüchern und kulturhistorischen Studien, niedergeschlagen, die 1983 erstmals in dem umfangreichen Sammelband »Italien« veröffentlicht wurden.

Der vorliegende Themenband mit Hesses Aufzeichnungen aus der Toskana ist eine Auswahl aus diesem etwa 500 Seiten umfassenden Material. Doch wurden hier die Texte nicht chronologisch in der Folge ihrer Niederschrift geordnet, sondern geographisch in Form einer leicht nachvollziehbaren Reiseroute von Nord nach Süd. Die meisten von ihnen entstanden zwischen Hesses 23. und 30. Lebensjahr, der Zeit seiner schriftstellerischen Anfänge.

Zwar können wir heute nicht mehr wie er das Italien der Jahrhundertwende ohne die Folgen des Massentourismus, des Autoverkehrs und der Industrialisierung erleben, aber noch ist nahezu alles, was Hesse beschreibt, vorhanden und auffindbar: die auf Hunderte von Kirchen und Palazzi verteilten Zeugnisse mediterraner Kunst und Religiosität in ihrer bildergläubigen Lebensfreude wie auch die festungshaften, uralten Bergnester auf den Rebhängen und den oliven- und zypressengesprenkelten Höhenzügen der Toskana und Umbriens ...

Natürlich war es nicht allein das Klima, das den Ausschlag gab für Hesses Liebe zu Italien. Denn wäre es nur das sommerliche Klima der Stunde seiner Geburt gewesen, dann wäre wohl jedes andere der Mittelmeerländer für ihn ebenso in Frage gekommen. Es muß also noch anderes mitgespielt haben, das diese Prägung ergänzt und lokalisiert hat. Einiges davon läßt sich nachweisen:

Ein Album mit den populärsten Motiven Venedigs, dem Markusplatz, der Rialtobrücke und dem »wie aus Spitzen geklöppelten« gotischen Ca'd'Oro-Palast am Canale Grande, das dem Sechsjährigen in die Hände gekommen ist, war Hesses erste Begegnung mit dem Land, das künftig zu seinem liebsten Reiseziel werden sollte. »Mit Blau und Gelb und Rot und Gold nicht sparend«, hat er dieses Bildwerk damals mit Aquarellfarben koloriert, »oft ungewiß, was Land, was Wasser sei«. Doch bis er sein Phantasiekolorit mit den Farben der Wirklichkeit versehen konnte, sollten noch etwa fünfzehn Jahre vergehen. Die nächste, nicht weniger nachhaltige Begegnung mit Italien verdankt er seinen autodidaktischen Goethe-Studien als Buchhandelslehrling in Tübingen und der fast gleichzeitigen Bekanntschaft mit dem Hauptwerk des Schweizer Kulturhistorikers Jacob Burckhardt. Am 30. 3. 1898 schreibt der damals Zwanzigjährige an seine Eltern: »Meine Hauptlektüre seit drei Wochen ist die herrliche ›Kultur der Renaissance‹ von Burckhardt, deren ersten Band ich fertig habe. Das Buch ist außer Goethes ›Faust‹ und ›Aus meinem Leben‹ eigentlich das einzige, bei dem ich eine sehr hohe Erwartung übertroffen fand. Ich finde es bedeutsam, daß eben unsere Zeit erst die Renaissance versteht und gewissermaßen entdeckt hat ... Auch ich kann diesem Heimweh nicht entrinnen nach jenem Reichtum an Geist,

Kunst, Witz, Schönheit, nach jenen merkwürdigen Städten, wo die höchste Staatskunst neben der höchsten humanistisch-künstlerischen Bildung blühte.«

Diese Sehnsucht hat ihn seitdem nicht mehr verlassen. Nach dem Abschluß seiner Lehrzeit in Tübingen zieht der junge Autor der *Romantischen Lieder* und der Traumprosa *Eine Stunde hinter Mitternacht* im September 1899 als Sortimentsbuchhändler nach Basel, in die Stadt, deren geistiges Leben »von nichts und niemand so stark beeinflußt und geformt war wie von Jacob Burckhardt«, der dort zwei Jahre zuvor gestorben war.

Nach täglich mehr als zehnstündiger Dienstzeit in der Basler Buchhandlung Reich schreibt und veröffentlicht Hesse hier sein drittes Büchlein, *Hermann Lauscher*, beschäftigt sich mit Boccaccio, Franz von Assisi, Leonardo da Vinci, sammelt Reproduktionen von Gemälden und Architekturdenkmälern der Renaissance, liest Burckhardts *Die Zeit Constantins des Großen* und legt jeden Rappen seines dürftigen Gehilfensalärs beiseite, um sich den nun immer dringlicheren Wunsch erfüllen zu können, das Land der Sonne, der Kunst, der naiven und elementaren Lebensfreude nicht nur aus Büchern und Bildern, sondern auch aus eigener Anschauung kennenzulernen.

Im Herbst des Jahres 1900 steht sein Plan fest: Im kommenden Frühjahr wird er seine Stelle in der Buchhandlung kündigen, um in der klimatisch angenehmsten Reisezeit für mindestens zwei Monate das Land seiner hochgespannten Erwartungen kennenzulernen. Und um jedes Risiko auszuschließen, diese Reise aus finanziellen Gründen eventuell vorzeitig abbrechen zu müssen, kommt er auf eine ungewöhnliche und auch noch für sein späteres Leben nutzbringende Idee, sich die nötigen Mittel zu verschaffen, ohne doch betteln zu müssen: In einem Rundschreiben an Freunde und Bekannte bietet er ihnen die Handschrift eines unveröffentlichten Manuskriptes an, den Zyklus seiner neuesten, meist nachts entstandenen »Notturni«-Gedichte. »Um diese intime Art der Mitteilung« habe er besonders die persische Literatur schon immer beneidet. Denn sie gewähre den Vorteil, heißt es in diesem Rundschreiben, »meine Dichtung, der Spekulation des Handels und der Presse entzogen, nur von Freunden und Wohlgesinnten gelesen zu wissen«. Er gedenke etwa 20 Exemplare anzufertigen, von denen jedes, mit persönlicher Widmung versehen, 20 Franken koste. »Bestellungen von nicht Eingeladenen werden nicht angenommen«, fügt er hinzu, um das Angebot noch interessanter zu machen. Außerdem seien sämtliche Exemplare »sowohl durch die Widmung wie durch absichtliche, zum Teil bedeutende Variationen im Text als Unica bezeichnet. Sollte Ihnen ein Vers besonders gefallen, so seien Sie bitte überzeugt, daß ich ihn speziell für Sie eingefügt habe. Bei weniger glücklichen Passagen aber mögen Sie sich sagen, daß ich mir sie vermutlich bei den übrigen Exemplaren besser überlegt haben werde.«

Mit dieser einfallsreichen Methode, aus der Not eine Tugend zu machen, gelang es ihm tatsächlich, seine Reisekasse um annähernd 400 Franken aufzubessern, und dies, trotz seines damals noch bescheidenen literarischen Renommees, sogar rascher als vermutet. So konnte er bereits am 13. 10. 1900 seinem Tübinger Freund Eberhard, dem Vater von Albrecht Goes, melden: »Der Erlös der Exemplare, die schon fast alle verkauft sind, wird hauptsächlich meiner für nächsten Frühling geplanten italienischen Reise dienen.«

Am 25. 3. 1901 war es endlich soweit: Nach einem Intensivstudium der italienischen Sprache im Selbstunterricht und drei Wochen sorgfältiger Vorbereitung im heimatlichen Calw brach er auf, im Reisegepäck außer dem Baedeker auch Jacob Burckhardts *Cicerone – Eine Anleitung zum Genuß der Kunstwerke Italiens.*

Daß nach solchen Prädispositionen die Begegnung mit der Wirklichkeit zur Offenbarung werden und auf den denkbar empfänglichsten Boden fallen mußte, war bei einem Naturell wie demjenigen Hesses unausweichlich: »Das jahrelang erträumte Betreten des italienischen Bodens gab mir ein so intensives, erhöhtes Glücksgefühl, wie ich es bis dahin kaum gekannt hatte.«

In seinen Briefen und vor allem den Reisetagebüchern ist es festgehalten. Zunächst einmal verändern sich bei Hesse, wie bei jedem, der zum erstenmal ins Ausland reist, die bisher gültigen Wertmaßstäbe. Kaum eine Woche in Italien und wenige Stunden erst in Florenz, schreibt er seinen Eltern: »Angesichts dieser Kultur und dieses Lebens sinkt mein Nationalgefühl auf Null.« Eine Beschämung, die sich noch verstärkt, wenn er anderen Italientouristen, namentlich seinen Landsleuten, begegnet, die mit dem Blick auf das Tyrrhenische Meer »Wie ist es am Rhein so schön« singen und in den Speiselokalen deutsche Küche statt der unverwechselbaren Gerichte des Gastlandes verlangen. »Wie gemein so ein feister deutscher Kommerzienrat neben einem italienischen Bettelbuben aussehen kann«, notiert Hesse in sein Tagebuch, das durchaus nicht den Eindruck macht, als sei es vor mehr als hundert Jahren geschrieben. Denn seine unkonventionelle Art zu reisen, die mit einem Minimum an Komfort auf ein Maximum an Erlebnis bedacht ist, hat heute noch so viel Alternatives, daß sich wohl auch die Tramper der Jeans-Generationen darin wiedererkennen und mit Hesses Reisestil identifizieren können. Denn er reist nicht als Frachtgut touristischer Agenturen, sondern auf eigene Faust. »Mir ist auf Reisen nur wohl, wenn es ganz schlicht und handwerksburschenhaft zugeht, dritter Klasse und zu Fuß, ohne Hotels und ohne täglich warm zu essen«, berichtet er 1904 in einem Brief. Pedantischer Organisation zieht er die Improvisation vor. Das Vertrauen in den Zufall, in den Reiz der Risiken und Überraschungen gehört für ihn zur Poesie des Unterwegsseins. Im Eisenbahnabteil kann er nicht nur mit der Bevölkerung des Gastlandes in Berührung kommen, sondern auch die Fahrt, wo immer es ihm verlockend erscheint, unterbrechen. Dasselbe gilt für Unterkunft und Verpflegung, wobei Hesse den keimfreien Hotels einheimische Schenken und Privatpensionen vorzieht, die ihn am Alltag, den unterschiedlichen Eß- und Lebensgewohnheiten teilnehmen lassen: »Diese Leute sind, wenn sie nicht gerade Geschäfte machen, von einer Naivität und Sicherheit des Sichgebens, dabei von einer natürlichen Lebensart und Beweglichkeit, neben der wir Nordländer Marionetten sind.« Statt sich professionellen Fremdenführern anzuschließen, ist er sein eigener Cicerone oder läßt sich, wie in Chioggia, die Besonderheiten von einem achtjährigen Gassenbuben zeigen, qualifiziert durch ein »braunschwarzes, schlaues Gesicht«, er ist »ganz wild, geht in keine Schule«.

Wie oft Hesse auch später nach Italien (und anderswohin) aufbrach, nie hat er – selbst nicht als etablierter Autor, der sich wie Thomas Mann ein wenig Luxus ja durchaus hätte gönnen können – diese Art des Reisens aufgegeben, um das Fremde so frisch und authentisch wie möglich am eigenen Leib zu erfahren. Denn »die Poesie des Reisens«, schreibt er 1904, »liegt im Erleben, im Reicherwerden, im organischen Angliedern von Neuerworbenem, im Zunehmen unseres Verständnisses für die Einheit im Vielfältigen ... im Wiederfinden von alten Wahrheiten und Gesetzen unter ganz neuen Verhältnissen.«

Es ist erstaunlich, was er schon 1901 auf seiner ersten Reise im Alter von 23 Jahren alles wahrnimmt, mit welcher Hingabe er sich der neuen Kultur öffnet und welches Pensum er sich abverlangt, um der fast verwirrenden Fülle und Mannigfaltigkeit kunsthistorischer Fossilien aus vielen Jahrhunderten einigermaßen gerecht zu werden. Hesse gehört weder zu den Touristen, die alles anschauen und nichts sehen, noch ist er der brave Adept, der nur das aufsucht und würdigt, was vom offiziellen Kodex als Sehenswürdigkeit empfohlen und vorgeschrieben ist. In der Bewertung von Malerei und Architektur ist er durchaus selbständig, mitunter geradezu ein Entdecker, dem die Reiseführer bald schon nicht mehr genügen: »Baedeker schweigt unverantwortlich«, notiert er in Venedig.

Auch sein erster Roman *Peter Camenzind*, dessen

Manuskript er unmittelbar nach der zweiten Italienreise an den Verleger sandte, ist voll von italienischen Motiven. Es sei, schreibt er in seinem Begleitbrief vom 9. 5. 1903 an S. Fischer, zwar unmodern, ja antimodern, dagegen seien Land und Volk aus langen und liebevollen Studien dargestellt, so daß sein Werkchen nichts Erfundenes und Unerlebtes enthalte. Das können wir nun anhand der Reisetagebücher verifizieren, die im *Peter Camenzind* eigens erwähnt werden: »Da hatte ich knapp und kurz Notizen über alles Sichtbare in der Welt aufgeschrieben, ohne Reflexionen und ohne Verbindungen. Es waren Skizzenhefte wie die eines Zeichners, und sie enthielten in kurzen Worten lauter reale Dinge: Bilder aus Gassen und Landstraßen, Silhouetten von Gebirgen und Städten, erlauschte Gespräche ... Notizen über Beleuchtung, Winde, Regen, Gestein ... Meerfarbenspiel und Wolkenform. Gelegentlich hatte ich auch kurze Geschichten daraus bearbeitet und veröffentlicht.«

In diesen Geschichten, wie auch in Hesses erstem Roman, finden sich nicht nur Abwandlungen authentischer Namen wie Ercole Aglietti (im Tagebuch) oder Erminia Aglietti (im *Peter Camenzind*), sondern in gewissenhafter Reihenfolge auch die Stationen der ersten und zweiten Reise: Mailand (man vergleiche im Reisetagebuch von 1903 die Episode mit den Heiligenfiguren auf dem Mailänder Dom, die alle nicht schnell genug auf den nächsten Podest, die Abschußrampe in den Himmel, kommen können, mit derselben Szene im *Peter Camenzind*), Florenz, Fiesole und Pisa.

Früher als geplant, bereits nach sieben Wochen, mußte Hesse seine erste Italienreise abbrechen, da ihm am

16. 5. 1901 von der heimatlichen Militärbehörde der Musterungsbescheid nachgesandt worden war. »Wenn man von Italien heimreist«, heißt es im *Peter Camenzind*, »pfeift man auf Prinzipien und Vorurteile, man trägt die Hände in den Hosentaschen und kommt sich als durchtriebener Lebenskünstler vor.« Man sei eine Weile im wohlig warmen Volksleben des Südens mitgeschwommen und müsse dann zu Hause, wo man das alte, steife Leben unverjüngt und unveränderlich antreffe, kleinlaut und ärgerlich von der Höhe der neu erworbenen Heiterkeit Stufe um Stufe herabsteigen. »Aber etwas von dem Erworbenen keimte doch weiter«, so daß es zwei Jahre später nur eines zufälligen Anstoßes bedurfte, um vom einen auf den anderen Tag erneut und danach immer wieder für einige Wochen nach Italien aufzubrechen.

Dem Bedürfnis und Ehrgeiz, in Museen und Galerien möglichst viel Kunst kennenzulernen, folgte ein von Jahr zu Jahr stärkeres Interesse an der Mentalität, die diese Kunstwerke hervorgebracht hatte und diese organisch konzipierten Stadtlandschaften mit ihren wohlproportionierten Architekturen; gewiß aber auch die Sehnsucht, sich hier von den Verkrampfungen des überzivilisierten Nordens zu erholen. Fast alle Amateurfotografien, die uns von Hesse und seinen Reisebegleitern überliefert sind, zeigen etwas von der Lebensfreude und dem Übermut dieser Italienreisen.

Der Ehrgeiz, seinen »Bildungssack zu komplettieren« und das ganze Land von Como bis hinab nach Sizilien kennenlernen zu wollen, ist ihm fremd. Statt dessen genügt es ihm vollauf, wenige Landschaften, diese aber so intensiv wie möglich, zu erfahren. Schon 1903 hatte er dem befreundeten Kollegen Stefan Zweig geraten: »Ich lege Ihnen ans Herz, in Italien keine rasche Gewaltreise zu machen, sondern lediglich zu bummeln, wenn Sie dabei auch nur eine einzige Stadt kennenlernen.«

Was Hesse ab 1903 in Italien sucht, ist nicht mehr ein Anhäufen von Wissen und Kenntnissen, sondern die Befreiung vom Zweckleben. Und angesichts der Kulturdokumente vergangener Jahrhunderte findet er nun für seine eigenen Bemühungen die Zuversicht, »daß die Arbeit und Hingabe eines Menschen nicht wertlos sind«, daß über der bedrückenden Isolation, in der jeder, auch der anonyme Künstler sein Leben verbringt, »etwas allen Gemeinsames vorhanden ist; daß zu allen Zeiten Hunderte einsam gelitten und gearbeitet haben, um das Sichtbarwerden dieses tröstlichen Gemeinsamen zu fördern ... Denn Michelangelo und Fra Angelico haben weder an mich noch an irgend jemand gedacht, wenn sie arbeiteten. Sie haben für sich selber geschaffen, jeder für sich allein, jeder zum Teil für seine Not und in bitterem Kampf mit Unmut und Müdigkeit. Jeder von ihnen auch war tausendmal unbefriedigt von dem, was er machte; Ghirlandaio hat sich lachendere Bilder und Michelangelo viel mächtigere Bauten und Denkmäler erträumt. Wir haben nur, was übrigblieb, aber das scheint uns wert, daß jene sich mühten. Und damit gewinnen wir selber Mut, fortzufahren.«

Hermann Hesse selbst hat nie daran gedacht, die in Tagebüchern, Betrachtungen, Gedichten, Rezensionen, Gedenkblättern und Briefen durch Jahrzehnte verstreuten Äußerungen über seine Reisen und Eindrücke in der

Toskana als thematisches Lesebuch zusammenzufassen. Noch vermessener wäre es ihm vorgekommen, diese als eine Art Handbuch für Touristen aufzubereiten. Dafür sind sie auch zu sporadisch und unvollständig. Gleichwohl hat es ihn immer wieder gefreut, Impulse beherzigt zu sehen, die in seinen Schriften formuliert waren. Und zweifellos wäre es ihm nicht unsympathisch gewesen, zu wissen, daß seine Aufzeichnungen manchem Leser heute ähnliche Dienste leisten würden wie z. B. die Schriften Jacob Burckhardts, die ihm selbst die Augen für Italien geöffnet hatten. Was er also zu Lebzeiten, sei es aus Bescheidenheit, sei es aus Abwehr vor den Folgen übermäßiger Publizität, an Vorbehalten gegen eine solche Veröffentlichung gehabt hätte, ist posthum weitgehend gegenstandslos geworden.

Um so gewichtiger waren für uns die formalen Probleme einer solchen Edition. Denn bei einer topographischen Gliederung der Texte als Reisebegleiter war es nicht zu umgehen, Aufzeichnungen verschiedenster Herkunft gleichrangig nebeneinanderzustellen: Äußerungen aus Briefen und stichworthaft formulierte Notizen aus Tagebüchern, die der Autor nie publiziert hat, neben Lyrik und Betrachtungen aus von ihm selbst autorisierten Sammelbänden wie den Gedichten und seinem 1926 veröffentlichten *Bilderbuch*. Dort hat er dem Thema Italien nicht mehr als 32 Seiten eingeräumt, also nur eine sehr knappe Auswahl seiner zahlreichen in Zeitungen und Zeitschriften gedruckten Reiseimpressionen.

Um diese Wertigkeit der einzelnen Beiträge erkennbar zu machen, wurden sie mit Datierungen und Herkunftsangaben versehen sowie in einem Quellennachweis nochmals spezifiziert. Es bleibt zu hoffen, daß das gelegentlich auffallende stilistische Gefälle zwischen den einzelnen Texten wettgemacht wird durch einen Zugewinn an inhaltlicher Vielfalt, der anders nicht zu erreichen gewesen wäre.

Volker Michels

Quellennachweis

Reiselust: Geschrieben 1910. Typoskript im Deutschen Literaturarchiv, Marbach/Neckar. Erstdruck in »Neues Wiener Tageblatt« vom 23. 1. 1910. Auch u. d. T. »Reisegedanken«, »Die Jagd nach dem Erlebnis«, »Neugierde«, »Letzte Neugier« in anderen Zeitungen und Zeitschriften veröffentlicht. Aufgenommen in H. Hesse, *Sämtliche Werke* (SW), herausgegeben von Volker Michels, Frankfurt a. M. 2001, Bd. 13 »Betrachtungen und Berichte I. 1899-1926«. Geringfügig gekürzte Fassung.

Tagebuchnotiz aus Livorno: Auszug aus dem Tagebuch »Italienische Reise 1901«, SW 11 »Tagebücher«, a. a. O.

In Pisa: Auszug aus dem Tagebuch »Italienische Reise 1901«, a. a. O.

Vom Zauber einer alten, untergegangenen Kunst: Geschrieben 1901. Teil der »Stimmungsbilder aus Oberitalien«. Erstdruck u. d. T. »Der Triumph des Todes« am 8. 10. 1901 im »Basler Anzeiger«. Ebenfalls unter diesem Titel in SW 1 »Jugendschriften«, a. a. O.

Ostern in Florenz: Geschrieben 1901. Teil der »Stimmungsbilder aus Oberitalien«. Erstdruck u. d. T. »Lo scoppio del carro« am 15. 9. 1901 im »Basler Anzeiger«. Ebenfalls unter diesem Titel in SW 1 »Jugendschriften«, a. a. O.

Ein Opernabend: Auszug aus dem Tagebuch »Italienische Reise 1901«, SW 11 »Tagebücher«, a. a. O.

Wenn ich an Florenz denke: Passage aus der Betrachtung »Über das Reisen«. Erstdruck in »Die Zeit«, Wien, vom 30. 4. 1904. Auch u. d. T. »Wandern und Reisen« in anderen Zeitungen und Zeitschriften veröffentlicht. Aufgenommen in SW 13 »Betrachtungen und Berichte I. 1899-1926«, a. a. O.

Il Giardino di Boboli: Geschrieben 1901. Teil der »Stimmungsbilder aus Oberitalien«. Erstdruck am 29. 9. 1901 im »Basler Anzeiger«. Aufgenommen in SW 1 »Jugendschriften«, a. a. O.

Ein Stadtrundgang mit Hesses Reisetagebuch: Textpassagen aus dem Tagebuch »Italienische Reise 1901«, a. a. O.

Giovanni Boccaccio als Dichter des »Decamerone«. Erstdruck in der »Frankfurter Zeitung« vom 28. 5. 1904. U. d. T. »Einiges über Giovanni Boccaccio als Dichter des ›Decamerone‹« in SW 16 »Die Welt im Buch I. Rezensionen und Aufsätze aus den Jahren 1900-1910«, a. a. O.

Anemonen bei Fiesole: Geschrieben 1901. Gekürzte Fassung der Betrachtung »Anemonen«. Erstdruck im Mai 1904 in »Die Rheinlande«, Düsseldorf. Aufgenommen in SW 1 »Jugendschriften«, a. a. O.

Fiesole: Geschrieben 1901. Teil der »Stimmungsbilder aus Oberitalien«. Erstdruck am 22. 9. 1901 in »Basler Anzeiger«. Aufgenommen in SW 1 »Jugendschriften«, a. a. O.

Initialen: Geschrieben 1901. Erstdruck im »Stuttgarter Neuen Tagblatt« vom 14., 16. und 22. 9. 1901. Aufgenommen in SW 1 »Jugendschriften«, a. a. O.

Der Mönch: Entstanden 1902. Erstdruck im Juni 1902 in den »Monatsblättern für deutsche Literatur«, Berlin / Leipzig. Aufgenommen in SW 1 »Jugendschriften«, a. a. O.

Prato ist ein famoses Städtchen: Auszug aus dem Tagebuch »Italienische Reise 1901«, a. a. O.

Tagebuchnotiz aus Pistoia: Auszug aus dem Tagebuch »Italienische Reise 1901«, a. a. O.

Siena mit seinem schwarz-weißen Banner: Auszug aus der Sammelrezension »Für Bücherliebhaber«, »Münchner Zeitung« vom 5. 6. 1914. Aufgenommen in SW 17 »Die Welt im Buch II. Rezensionen und Aufsätze aus den Jahren 1911-1916«, a. a. O.

Der lustige Florentiner: Geschrieben 1902. Erstdruck u. d. T. »Ercole Aglietti« am 24. 9. 1904 in »Schwäbischer Merkur«. Erstmals in Buchform in H. Hesse, *Gesammelte Erzählungen*. Bd. 4 (»Innen und Außen«). Frankfurt am Main 1977. Aufgenommen in SW 6 »Die Erzählungen 1900-1906«, a. a. O.

Der Erzähler: Geschrieben 1903. Erstdruck u. d. T. »Des Herrn Piero Erzählung von den zwei Küssen« im November 1904 in »Die Schweiz«. Erstmals in Buchform in H. Hesse, »Fabulierbuch«. Berlin 1935. Aufgenommen in SW 6 »Die Erzählungen 1900-1906«, a. a. O.

Sämtliche in diesen Band aufgenommenen Gedichte sind dem Band 10 »Die Gedichte« der Ausgabe H. Hesse, *Sämtliche Werke*, herausgegeben von Volker Michels, Frankfurt a. M. 2002, entnommen.

»Bella Italia!« im insel taschenbuch

Alice Vollenweider · Bella Italia!

Unterwegs zu den
verborgenen Schönheiten Italiens
it 3192. 152 Seiten

Eva Demski · Venedig

Salon der Welt
it 3193. 128 Seiten

Franziska Wolffheim · Gardasee

Wo der Süden beginnt
it 3194. 128 Seiten

Hermann Hesse · Bilder aus der Toskana

Von Florenz bis Siena
it 3195. 160 Seiten

Marco Lodoli · Inseln in Rom

Streifzüge durch die Ewige Stadt
it 3196. 144 Seiten

Dominique Fernandez · Neapel und Süditalien

it 3197. 144 Seiten

Franziska Wolffheim · Sizilien

Portraits einer Insel
it 3198. 152 Seiten

NF 31/1/3.05

Literarische Reisebegleiter
im insel taschenbuch

Italien

Dietmar Grieser: [illegible] Stendhal [illegible] Via Appia [illegible] Mit Fotografien [illegible]

Wilhelm [illegible] einer Reise nach Italien. Mit einem biographischen Essay von Almut [illegible] Herausgegeben von Christel Schwerdt. Mit [illegible] Fotos [illegible]

Mit Hermann Hesse durch Italien. Ein Reisebegleiter [illegible] Oberitalien. Herausgegeben von Volker Michels. [illegible]

[illegible]

[illegible]

[illegible] Mit Abbildungen [illegible]

Thomas Mann in Venedig. Eine Spurensuche. Von Reinhard [illegible] Mit Abbildungen [illegible]

[illegible]